세상에서 가장 멋진 리더
_____님께 이 책을 드립니다.

**내일부터
팀장으로 출근합니다**

내일부터 팀장으로 출근합니다

초판 1쇄 인쇄 2022년 2월 21일
초판 1쇄 발행 2022년 2월 28일

지은이 명대성

펴낸이 박세현
펴낸곳 팬덤북스

기획 편집 윤수진 김상희
디자인 이새봄
마케팅 전창열

주소 (우)14557 경기도 부천시 조마루로 385번길 92 부천테크노밸리유1센터 1110호

전화 070-8821-4312 | **팩스** 02-6008-4318
이메일 fandombooks@naver.com
블로그 http://blog.naver.com/fandombooks

출판등록 2009년 7월 9일(제386-251002009000081호)

ISBN 979-11-6169-193-0 03320

* 이 책은 저작권법에 따라 보호받는 저작물이므로 무단전재와 무단복제를 금지하며,
  이 책 내용의 전부 또는 일부를 이용하려면 반드시 출판사 동의를 받아야 합니다.

* 책값은 뒤표지에 있습니다.

* 잘못된 책은 구입처에서 바꿔드립니다.

내일부터 팀장으로 출근합니다

손발이 척척 맞는 일잘러 팀을 만드는 팀장의 업무력

지금
우리에게 필요한
슬기로운
팀장생활!

팬덤북스

프롤로그

팀장은
기회다

회사라는 공간에서 팀장 직책은 기회입니다. 그것도 억세게 좋은 기회인 것이죠. 정규 조직이 갖춰진 회사에서 경쟁을 거쳐 폼나게 승진한 팀장이든, 동기들에게 밀리고 밀리다가 뒤늦게 승진한 팀장이든, 스타트업에서 사람이 없어서 억지로 맡은 팀장이든, 팀원이 없는데 무늬만 팀장이든 그 시간 속에는 많은 기회가 숨어 있습니다. 동의하기 어렵다면 억지로라도 'YES'를 외치면서 기회를 찾아야 합니다. 몇 번이라도 밑줄을 긋고 외우고 머릿속에 입력하다 보면 분명 숨은 기회를 찾을 수 있을 겁니다. 그러나 반대의 경우라면 오히려 많은 것을 잃어버리는 시간이 될 수도 있습니다. 선택은 오롯이 여러분의 몫입니다.

회사는 비즈니스 공간입니다. 회사도, 팀도, 개인도 이익을 내야 합니다. 회사라는 공간에서는 어떤 부서도 어떤 개인도 이익이 필요 없는 공간은 없습니다. 영업은 영업의 역할로, 기획은 기획의 역할로, 재경은 재경의 역할로, 임원은 임원의 역할로, 사원은 사원의 역할로 각자의 자리에서 반드시 수익을 만들어 내야 합니다. 당연한 말이지만 회사도 구성원도 이익을 내지 못하면 생존할 수 없습니다. 적어도 팀장이라면 이런 정도의 경제적 논리는 이해하고 참여할 수 있어야 합니다.

회사는 회사의 필요에 의해 여러 분야의 능력자를 찾기 위해 평가를 합니다. 잘 파는 사람, 잘 사는 사람, 지시를 잘하는 사람, 지시받은 걸 잘하는 사람 등 필요한 사람을 발굴합니다. 결국 회사에서 수많은 평가를 하는 이유는 탁월한 리더십으로 구성원을 잘 움직이게 하고, 움직임을 성과까지 이어갈 리더를 찾기 위함입니다. 아무리 뛰어난 리더도 혼자서는 모든 것을 감당할 수 없기 때문입니다. 그런 능력을 가장 잘 확인할 수 있는 직책이 '팀장'이라는 직책입니다. 그만큼 중요하다는 말이겠죠. 회사라는 곳은 개인의 능력도 중요하지만, 개개인의 능력을 곱셈으로 만드는 리더가 꼭 필요한 공간입니다.

어느 조직이든 덧셈을 만드는 리더는 많지만, 곱셈을 만드는 리더는 흔치 않습니다. 만약 회사에 마이너스를 만드는 팀장이 더 많다면 그 회사는 얼마 지나지 않아 생존 자체가 불가능하게 될 겁니다. 직원들을 평가하는 과정에서 일을 잘하는 사람과 못하는 사람이 자연스럽게 구분지어집니다. 일을 잘한다고 한 번 인식된 직원은 실수를 해도 중대한 실수가 아니라면 동일한 평가를 받습니다. 반대로 일을 못한다고 인식된 직원은 일을 잘해도 못한다는 편견이 이어지기도 합니다. 이렇듯 한 번 각인된 이미지를 바꾸는 것은 쉬운 일이 아닙니다.

그럼에도 방점의 기회, 반전의 기회를 가질 수 있는 시간이 있습니다. 잘한다고 인식된 사람에게는 '역시 이 사람은 어떤 걸 맡겨도 일을 잘해!'라는 방점을 찍을 수 있고, 좋지 않은 편견으로 각인되어 있었다면 '어, 이 사람이 이렇게 일을 잘했어!'라는 반전의 기회. 그것을 만들 수 있는 강력한 계기가 바로 팀장의 시간입니다. 팀장의 위치는 팀원과 확연하게 다릅니다. 그리고 달라야 합니다. 팀원일 때는 자신의 업무만 잘해도 인정을 받습니다. 어느 정도의 인간적인 매력과 트릭만으로도 업무능력을 포장할 수도 있습니다.

하지만 일단 팀장이 되면 눈속임이 어렵습니다. 대충 평가하던 상사의 시각은 매의 눈이 되고, 상사에게만 받던 평가를 동료와 팀원에게도 받게 되기 때문입니다. 보는 눈이 많아지는 것이죠. 신입사원에서 중견사원으로, 팀원에서 팀장으로, 팀장에서 임원으로 갈수록 눈속임의 공간은 자리를 잃게 됩니다. 이건 회사의 평가 시스템에 상사평가가 없더라도 마찬

가지입니다. 눈속임하던 사람에게는 발각의 시간이 될 것이고, 기회를 갖지 못했던 사람에게는 기회의 시간이 될 겁니다. 그것이 팀장의 시간입니다.

회사에서의 평가는 다차원적이지만 팀장의 평가는 경우의 수가 그렇게 많지 않습니다. 개인의 업무능력이 좋은데 리더십까지 좋아서 팀의 성과를 끌어올리는 사람, 일은 잘하는데 리더십이 형편없어 팀의 성과를 끌어내리는 사람, 개인 업무능력은 조금 떨어지는데 리더십이 탁월해서 팀의 성과를 최대치로 끌어올리는 사람, 일도 못하고 리더십도 형편없는 사람, 그리고 깍두기. 딱 이 다섯 가지 유형으로 구분이 됩니다. 해답은 간단합니다. 만약 당신이 오너이거나 경영자라면 어떤 사람과 큰일을 도모할지 생각해보면 됩니다. 그것이 정답입니다. 그것이 내 직장생활의 미래입니다.

팀원이 10명인 조직이든 팀원이 1명인 조직이든 팀장의 중요성은 매한가지입니다. 주어진 팀을 잘 운영하고 좋은 성과를 만들어낸다면 자신의 가치를 올리기에 충분합니다. 팀장이 되는 순간 팀원들과 한 팀이 되어야 합니다. 원하든 원하지 않든 팀은 성과를 공유하는 경제적 공동체이기 때문입니다. 잘한 것은 내가 취하고 잘하지 못한 것은 팀원들의 탓으로 돌리는 것은 요즘 시대에 먹히지 않습니다. 적어도 맡겨진 팀에 대해서는 조직의 장으로서 책임의식을 가져야 하고 팀의 이익은 공유해야 합니다. 팀으로 뭉치는 일에 이것보다 더 큰 동기부여는 없습니다.

좋은 회사에 입사하는 것, 좋은 보직을 부여받는 것, 승진을 하는 것이 행운이고 기회의 순간이었던 것처럼 회사에서 팀장의 시간은 또 한 번의 행운을 만들 기회입니다. 회사에서 승진할 때 "내가 잘해서 팀장이 되었다!"라는 말은 합리적으로 들리기도 하지만 매우 모순적이기도 합니다. 승진에서 탈락한 사람 중 적지 않은 사람은 자신의 탈락 사유에 대해 합당하다고 인정하지 않습니다. 그리고 승진한 사람들에게 온전한 축하를 전하지 않는 경우도 많습니다. 이건 팀장이 된 사람에 대한 평가절하의 의미를 담고 있는 것이기도 합니다. 회사라는 공간에서 생기는 일종의 괴리인 셈입니다. 회사에서 부여한 기회든, 스스로 만든 기회든 '실력으로 팀장이 되었다'라는 것을 보편적 진실로 만드는 방법은 딱 한 가지, 팀장의 시간을 통해 자신을 증명시켜주는 것입니다. 팀원일 때는 아마추어여도 딱히 문제 될 것이 없지만 팀장이 돼서도 아마추어라면 그건 문제가 됩니다.

인생에서 한 번 지나가면 다시 돌이킬 수 없는 세 가지가 있습니다. 내가 입 밖으로 뱉어낸 말, 내가 흘려보낸 시간, 나에게 주어진 기회입니다. 부디 이 책을 읽는 여러분들이 팀장의 시간을 통해 탁월한 성과를 만들고 팀장의 시간을 지렛대 삼아 회사에서 인정받고 개인적인 성장도 이뤄내기를 바랍니다. 혼자 좋은 리더일 거라고 정신 승리를 추구하는 안쓰러운 리더가 아니라, 동료와 후배들에게 최고의 복지인 좋은 동료, 좋은 상사, 진짜 리더가 되는 기회를 잡게 되기를 바랍니다. 어쩌면 버거움을 느끼는 지금의 시간이 성공의 가장 큰 기회일지도 모릅니다.

– 팀장이 아니고 리더다 –

"Good Luck to You"

데스크 어드바이스!

로또에 당첨되려면 우선 로또부터 사야 한다.

당첨 확률을 높이는 방법은 한 장 사던 로또를 여러 장 사는 것에서부터 시작된다.

회사에서 로또는 성과다.

목차

프롤로그 : 팀장은 기회다   4

Chapter 1   팀장이 됐다. 무엇부터 해야 할까?

1. 회사의 비전과 목표를 파악할 것   14
2. 회사가 팀에 기대하는 기대치를 인지할 것   21
3. 팀의 현황과 현상을 파악할 것   26
4. 팀원들의 업무를 파악할 것   32
5. 자격이 있는 멘토를 만들 것   37
6. 내가 비난했던 리더를 복기해볼 것   43
7. 팀원들의 신뢰를 얻을 것   47

Chapter 2   나를 잃지 않고, 좋은 팀장이 되기 위한 to do list

1. 팀의 운영방침을 분명히 할 것   56
2. 팀원에게 자격이 있는 상대가 될 것   61
3. 팀원과 적당한 거리를 유지할 것   68
4. 너무 좋은 팀장이 되려고 애쓰지 말 것   72
5. 팀원의 분쟁에 눈감지 말 것   77
6. 업무분장에 영혼을 갈아 넣을 것   83

Chapter 3   팀원을 잃지 않고 좋은 팀장이 되기 위한 to do list

1. 팀원을 경쟁자로 생각하지 말 것   94
2. MZ세대와 X세대에 대한 이해를 넓혀갈 것   99
3. 팀장답게 행동할 것   109
4. 칭찬해야 할 때 칭찬하고 지적이 필요할 때는 지적을 할 것   114
5. 팀원 간에 편을 가르지 말 것   119
6. '9 to 6'의 능력을 키울 것   126
7. 회식은 꼭 필요할 때만 할 것   135

Chapter 4	**일잘러 팀장의 to do list**

1. 업무를 정확하게 알고 시킬 것 … 144
2. 업무지시는 분명하게 할 것 … 150
3. 피드백은 제대로 할 것 … 158
4. 쉽게 말할 것 … 166
5. 보고 잘하고 보고 잘 받는 팀장의 to do list 1 … 172
    : 보고서 작성능력을 키울 것
6. 보고 잘하고 보고 잘 받는 팀장의 to do list 2 … 177
    : 보고서 검토능력을 키울 것
7. 보고 잘하고 보고 잘 받는 팀장의 to do list 3 … 181
    : 보고대상을 분명히 할 것
8. 보고 잘하고 보고 잘 받는 팀장의 to do list 4 … 184
    : 작정지침을 분명히 할 것
9. 보고 잘하고 보고 잘 받는 팀장의 to do list 5 … 187
    : 예측 가능한 기준을 가질 것
10. 회의 잘하는 팀장의 to do list 1 : 회의준비부터 철저히 … 193
11. 회의 잘하는 팀장의 to do list 2 : 회의는 회의답게 … 204
12. 회의 잘하는 팀장의 to do list 3 : 회의에도 원칙이 필요하다 … 213

Chapter Joker	**팀의 테러리즘 방지를 위한 To do list**

1. 팀원의 '역린'은 건드리지 말 것 … 224
2. 개인적 감정과 함께 출근하지 말 것 … 228
3. 양치기 소년이 되지 말 것 … 232
4. 무작정 들이대는 팀원 잠재우기 … 237
5. 중간에 낀 팀장의 비애도 알아줘 … 246
6. 연락 없이 잠수 타는 팀원 다루기 … 251
7. 회의 중 스마트폰에 빠진 초딩 팀원 … 257
8. 습관성 욕 말투 제어하기 … 263

에필로그 : 상식이 통하는 리더의 힘 'Great to Good' … 270

Chapter 1

팀장이 됐다.

무엇부터 해야 할까?

Chapter 1

1.

회사의 비전과 목표를 먼저 파악할 것

팀장이 되면 가장 먼저 해야 하는 일 중 하나가 팀의 목표를 세우는 일이다. 목표를 세우고 팀원들의 목표 달성을 도와 팀의 성과를 최대치로 끌어내는 것이 곧 팀장의 능력이 된다. 결국 팀장은 팀의 성과로 평가받는 존재이기 때문이다. 팀장과 팀원은 팀이라는 프레임을 통해 성과로 얽히고설켜 있는 경제적 공동체다. 서로를 도와야 이익을 얻을 수 있는 운명 공동체, 그것이 팀이다. 팀의 목표가 너무 헐거우면 회사에서는 인정받을 수 없고, 팀원들에게는 열정적 에너지를 끌어낼 수 없다.

그런 이유로 도전적 목표를 세우는 것이 중요하다. 연간 목표를 정했으면 이것을 다시 세분화해서 반기, 분기, 월간, 주간 단위로 관리를 해야 한다. 이것을 잘하는 팀장은 팀을 좋은 성과로 이끌고, 이것을 게을리하는 팀장은 반대의 결과를 얻게 된다. 이보다 먼저 목표를 세울 때는 구성원의 참여가 매우 중요하다. 목표 자체가 어떻게 정해졌는지, 어떤 근거로 정해졌는지, 왜 이렇게 해야 하는지를 알지 못하거나 이해할 수 없다면 팀원들은 이 목표를 따르기가 어렵다. 걸모습은 따르는 형태를 띠겠지만 실제는 따르지 않는 이중성을 가지게 된다. 그래서 중요한 것이 목표를 정할 때 팀원들의 참여와 동의를 이끌어 내는 것이 중요하다.

여기서 빼놓을 수 없는 것이 회사의 비전과 목표다. 그럼에도 팀이 목표를 정하는 과정에서 회사의 비전과 목표가 고려되지 않는 경우가 적지 않다. 이건 팀장의 능력에 대한 난센스다. 팀의 목표라는 것이 회사의 비전과 목표를 방향으로 파생되어야 하는데, 팀의 목표를 정하고 여기에 회사의 비전과 목표를 끼워 넣는 구조가 돼서는 곤란하다. 결국 팀은 '성과만 내면 되는 거 아닌가요?'라는 질문으로 이어질 수 있겠지만, 그건 군인이 혼자서라도 '싸움만 잘하면 되는 거 아닌가요?'를 말하는 것과 별반 다르지 않다. 우리가 어떤 상황에 놓여 있는지, 우리가 왜 전투를 해야 하는지, 우리가 전투에서 얻고자 하는 것이 무엇인지, 우리가 전투를 어떻게 해야 이길 수 있는지를 공유하고 목표를 세운 것과 단순히 싸움을 잘하자고 세운 목표는 같을 수 없는 것이다.

✖ 회사의 비전과 목표는 무엇입니까?

당신은 회사의 비전과 목표를 알고 있습니까? 알고 있다면 내용을 적어보세요.	
회사의 VISION	
회사의 단기목표	
회사의 장기목표	
회사의 매출목표	

만약 앞의 질문에 당신이 한 치의 고민도 없이 답을 적었다면 당신에게 박수를 보낸다. 적지 못했다고 해서 문제가 될 것은 없지만, 위의 내용을 모두 채울 수 있었다면 당신은 이미 준비된 리더라고 해도 틀림이 없다. 오랜 직장생활 속에서 거쳐 간 리더들, 강의 자리에서 만난 리더를 통틀어 회사의 비전과 목표를 정확하게 알고 있는 사람은 흔치 않았다. 특이한 건 비전과 목표를 정확하게 알고 있는 리더는 자신이 속한 조직의 말단까지 목표를 공유하는 치밀함을 가졌다는 사실이다. 이런 리더들의 성과가 더 좋을 것을 예측하는 것은 그리 어려운 일이 아니다.

사실 팀장정도 되면 회사의 비전과 목표 정도는 당연히 알고 있어야 한다. 누군가 질문을 한다면 입에서 뱉어내는 것이 어렵지 않아야 한다. 술술 적을 수 있어야 한다. 그것이 회사의 미래를 예측하는 척도라고 보아도 무방해보인다. 회사의 경영자가 요구하든 요구하지 않든 이건 팀장으로서 기본적인 상식이어야 한다. 비전이나 목표가 있는 회사와 방향성이 없는 회사의 미래는 다르다.

비전이나 목표가 분명하다고 해도 경영자부터 말단 직원까지 공유되는 회사와 그렇지 않은 회사의 퍼포먼스가 같을 수 없다. 생각해보시라, 팀장조차 모르는 회사의 목표를 슬로

건으로 내걸고 있다면 그건 이미 실패한 목표가 아닌가? 회사가 비전과 목표를 수립하는데, 팀장들과 직원들 몰래 세운다고 상상해보자. 여느 개그 프로보다 더 재미있는 일이 아닌가? 회사의 투자자가 그 회사의 팀장들에게 '회사의 비전과 목표가 무언가요?'라고 질문했다고 가정해보자. '모르는데요.'라거나 '일만 잘하면 되지, 그런 것도 알아야 하나요?'라고 위풍당당하게 대답했다고 생각해보자. 굳이 당대의 투자자 워런 버핏이나 손정의 회장 같은 대단한 사람들까지 끌어들이지 않더라도 당신이 투자자라면 '어떤 결정을 하게 될까?'를 상상해보라.

중국의 한 유망 전기차 스타트업에 대한 기사가 노출된 적이 있다. 핫한 전기차 시장의 유망기업으로 2조 가까운 투자금을 받았지만 모두 탕진해버렸다. 추가로 투자받으려고 노력했지만 투자하려는 곳이 없었고, 여러 가지 이유로 회생 불능상태에 놓였다는 이야기다. 기사의 내용에 따르면, 무리 없이 큰 투자를 받았음에도 4년 동안 제대로 양산할 수 있는 차 한 대를 만들지 못했다. 얼마 되지 않는 직원들의 간식비로 80억 원 이상을 사용하고, 유니폼은 명품회사에 의뢰해서 맞춰 입는 등 기이한 경영을 펼쳤다.

이건 경영자만의 작품일까? 이 회사에 위기가 닥친 것은 경영진의 나태와 직원들의 방만함이 만들어낸 합작품이라는 것에는 변명의 여지가 없다. 만약, 이 회사에 비전과 목표가 분명했고, 경영자부터 말단 직원까지 같은 목표를 추구했더라도 결과가 같았을까? 분명 뭐가 달라도 달랐을 것이다. 이 회사의 경영자와 직원들의 목표에 '제대로 된 전기차를 만들어서 세상을 이롭게 한다.'라는 것이 없었거나, 있었다 해도 구성원들에게까지 공유되지 않았던 것이다. 비전과 목표의 방향성이 잘못돼도 문제지만, 경영자와 팀장, 팀장과 팀원의 비전과 목표가 한 방향이 아니면 회사의 성장을 논하기는 어렵다.

    팀장에게 회사의 비전과 목표를 파악하는 것은 매우 중요한 일이다. 무엇보다 팀장이 알아야 팀원들에게 같은 지향점을 설명하고 한 방향으로 나아가자고 주장할 수 있다. 이것이 공유되지 않으면 목표는 정체성을 잃게 된다. 서로 다른 목표와 비전을 향해 달려가면서 좋은 결과를 기대하는 것은 우스꽝스러운 일이다. 열심히 하는 것과는 다른 문제다. 팀장은 열심히 일하는 자리가 아니라 제대로 일해야 하는 자리다. 팀원일 때는 '열심히'라는 단어가 부족함을 메우기도 하지만 팀장이 되면 달라져야 한다. 조직의 리더, 팀장은 '열심히'라는 단어를 '제대로'라는 단어로 대체해야 한다. 팀장은 회사의 비전과 목표를 경영자보다 더 정확하게 장착하고 있어야 한다. 경영자와 팀원 사이에서 회사의 정체성을 잇고, 정체성을 성과로 이어가는 것이 팀장의 역할이기 때문이다.

데스크 어드바이스!

회사의 비전과 목표를 모르는 리더는 팀원들에게 비전을 공유할 수 없다.

2.

회사가
팀에 기대하는
기대치를
인지할 것

> 회사가 팀에 기대하는 기대치를 알고 있습니까?
> 알고 있다면 내용을 적어보세요.

먼저 이 질문에 답을 할 수 없었다면, 회사가 팀에게 기대하는 것이 무엇일지를 예측해서라도 적어보기를 바란다. 팀의 목표를 생각하는 것에 도움이 되겠지만 회사가 팀에 기대하는 바를 역추적하는 일에도 도움이 될 것이다. 무턱대고 상사를 찾아가서 "우리 팀에 기대하는 바가 뭔가요?"를 묻기보다는 내가 알고 있는 것과 생각하는 것을 피력하여 그것에 더해 의견을 구해야 한다. 언제나 이런 방법은 효과적이다. 규모가 있는 회사일수록 상사에게, 상사의 상사에게 질문하는 것을 어려워한다.

때로는 조직문화가 가로막기도 한다. 하지만 이 부분은 팀장 스스로 벽을 허물어야 한다. 자신과 팀원, 팀을 위해서 소통에 대한 부담감을 줄여야 하고 수시로 상사와 대화를 나누어야 한다. 상사를 너무 어려워하면 질문과 확인을 통하기보다는 추측에 의해서 일을 하는 우를 범하게 된다. 이 부분을 해소하지 못하면 의사소통에 변질이 생기는 것을 막을 방법이 없다. 회사에도 독이고 구성원들에게도 독이다.

상사에게 질문하는 것을 결례로 생각하는 사람도 있고, 불편해서 하지 않는 사람도 있고, 막연히 두려워서 하지 않는 사람도 있다. 이유가 어떤 것이든 회사에 득이 되는 방법이 아니다. 회사라는 곳은 기본적으로 비즈니스 장소다. 업무에 대해 확실을 기하는 것과 성과를 내기 위해 이루어지는 소통은 언제나 옳다.

소위 잘나가는 스타트업 신생 창업기업, 짧은 기간에 고성장을 이루어내고 큰 기업이 되어버린 스타트업들이 적지 않게 채용하는 생소한 직책이 있다. 바로 경영자와 구성원들 사이에서 소통을 담당하는 커뮤니케이터Communicator다. 이들의 역할은 경영자와 구성원 들 사이에서 의사를 전달하거나 전달이 잘 되었는지를 확인하는 역할을 한다. 이런 직책은 직접 채용보다는 헤드헌터를 통해 은밀하게 이루어지는 경우가 많은데, 그만큼 소통에 대해 문제의식을 느끼고 중요하게 여긴다는 방증이다.

소통이 잘되지 않은 것은 경영자에게도 큰 숙제다. 당신이 경영자나 상사라고 가정해보자. 신임 팀장이 찾아와서 회사가 팀에 기대하는 바를, 경영자나 상사가 요구하는 사항이 있는지를 질문한다. 당신은 어떤 생각을 하게 될까? "어, 이 팀장 제대로 된 직원이네!"까지는 아니더라도 '뭐, 이런 개념 없는 팀장이 다 있어?'라는 생각을 하지는 않을 것이다. 대단히 경직되고 매우 수직적인 조직의 경우에는 직속 상사가 이런 행동을 싫어하는 경우가 있기는 하다.

그렇더라도 신임 팀장이 되었다거나, 새로 팀을 맡아서 부임을 했을 때 이런 것을 묻는 것은 매우 적절한 타이밍으로 보는 것이 좋다. 그리고 이런 방법이 아니더라도 회사의 전략부서나 성과를 관리하는 부서를 통해서도 얼마든지 확인할 길이 있다. 회사가 팀에 기대하는 바를 찾는 것은 언제나 팀장의 몫이다. 그래야 정확한 목표를 정할 수 있고, 그것을 팀원과 공유하고 한 방향으로 나가기 위한 무기로 사용할 수 있다.

당신이 한 기업의 오너다. 3명의 팀장을 승진시켰는데, 한 팀당 인원이 5명이고 지금까지 개인의 성과가 3으로 동일하다고 가정해보자. 팀장 A는 30의 성과를, 팀장 B는 15의 성과를, 팀장 C는 10의 성과를 냈다. 회사는 어떤 평가를 하게 될까? 회사의 입장에서는 팀장 A를 제외하면 긍정적인 평가를 하기 어렵다. C는 회사에 5라는 손해를 끼쳤고, B는 숫자상 손해를 끼치지는 않은 것처럼 보이지만, 결과적으로는 손해를 끼친 것이 된다. 그냥 놔두어도 15의 성과가 나오는 곳에 팀장을 만들었는데 성과가 15 이상을 넘지 못한다면 회사로서는 오히려 손해다. 회사가 팀장에게 기대하는 것은 결국 팀의 성과다. 성과를 숫자로 보여줄 수 있는 팀은 숫자로, 정량화가 어려운 팀은 성과를 논리적으로 풀어서라도 보여주어야 한다.

회사는 어떤 성과를 원할까? 회사가 팀장에게 기대하는 것은 당연하게 이루어져야 하는 성과가 아니다. 그 이상을 해야 성과로 인정하는 것이다. 주니어 시절에 일을 잘했던 사람들이 팀장으로 승진하고 나서 길을 잃어버리는 이유는 자기 성과를 넘어서지 못하기 때문이다. 팀장이 되면 개인의 성과를 더 높이는 것보다 중요한 것이 팀원의 성과를 함께 높이는 일이다. 팀원의 성과를 높여 팀의 성과를 극대화해야 한다. 단순한 덧셈의 결과가 아니라 곱셈 효과를 만드는 것이 팀장의 진짜 능력이다.

데스크 어드바이스!

회사가 팀에 기대하는 바를 찾는 것,

그것이 팀을 좋은 방향으로 이끈다.

3.

팀의
현황과 현상을
파악할 것

팀의 현황과 현상을 있는 그대로 적어보세요.
팀의 현황
팀의 현상

현황은 팀의 현재 상태, 주로 업무와 관련된 날것 그대로의 상태를 의미한다. 현상은 외부로 노출되지 않았지만, 팀의 운영에 영향을 끼칠 만한 모든 것을 말한다. 경영자와 팀 사이, 다른 팀과 우리 팀 사이, 팀장과 팀원, 팀원과 팀원 사이의 이슈 같은 것을 의미하는 것이다. 이것이 중요한 것은 스타트 시점을 바꿀 수도 있기 때문이다.

회사생활이 100m 달리기라고 가정해보자. 10m 지점에서 출발한 사람, 30m 지점에서 출발한 사람, 50m 지점에서 출발한 사람의 결과가 같을 수는 없다. 다른 팀장들은 10m 지점, 30m 지점을 달리고 있는데 나는 여전히 출발 준비를 하고 있다면 그 경쟁에서 이길 수 없다. 팀장이 되면 모두 같은 상황에 놓이게 된다. 성과를 내는 것은 1m라도 먼저 뛰는 사람이 무조건 유리하다. 이런 비유를 하면 회사생활은 100m 달리기가 아니라 마라톤이라고 주장하는 사람들이 꼭 있는데, 그렇다고 해서 달라지는 것은 없다. 42.195km를 달린다고 해도 1km를 앞서서 달리는 사람, 5km를 앞서서 달리는 사람을 이기기는 쉽지 않다.

새로 팀장이 돼서 업무 파악을 하는 데 얼마의 시간까지 통용이 될까? 사실 이 부분에 명쾌한 해답은 없다. 경영자의 스타일에 따라, 업무의 내용에 따라, 사업 방향에 따라, 조직의 문화에 따라 달라지기 때문이다. 하지만 팀의 업무와 현상을 파악하는 일에 30일을 넘기지 말아야 한다는 유의미한 조사결과들이 있다. 사람에게 30일이라는 시간이 심리적 마지노선으로 존재하고 있는 이유다. 회사들은 직원이 퇴사할 때, 30일 이전에 사직서를 제출하도록 규정하고 있는 곳이 많다. 이것을 지키지 않아도 뾰족한 방법은 없지만, 이 기간은 매우 일반화되어 있다.

우리는 이 기간이 그냥 대충 만들어진 시간이 아니라는 것에 주목해야 한다. 퇴사하는 사람이 다니던 회사를 배려할 수 있는 가장 긴 시간, 업무를 인수 받는 사람에게 필요한 최소의 시간을 30일로 본 것이다. 이 시간은 경영자에게도 작용하고 팀원들에게도 작용한다는 것을 기억해야 한다. 새로운 팀장이 발령받고 왔는데, 한 달이 넘도록 업무를 파악하지 못하고, 여전히 질문만 해대고 있다면 팀원 입장에서는 머리 아픈 일이다.

팀장에 대한 신뢰를 가지기 어렵게 되는 것이다. 이 시간을 되도록 줄이는 것이 좋지만 과한 오버는 금지다. 간혹 부임한 지 일주일만에 팀을 휘젓는 팀장을 종종 보는데, 안타깝게도 이 경우가 성공적인 데뷔를 만드는 경우를 보지 못했다. 팀을 파악하는 데 2~3일, 팀원의 업무와 성향까지 파악하는 데 2~3일이면 충분하다는 생각은 위험하다. 적어도 30일 동안은 알아도 참아야 하는 시간으로 생각을 하는 것이 좋다. 팀장에게 빈틈이 많은 채로 팀원들을 휘저으면 팀원들은 모두 물과 기름이 되어 버린다.

회사에서 벌어지는 모든 경기는 1년짜리 경기다. 이 경기에서 잘 달리기 위해 반기, 분기, 월간 단위까지 쪼개서 관리하는 것이 회사다. 새로운 팀장이 투입되고 나서부터 1년짜리 경기를 시작하는 것이 아니라, 이미 진행되고 있는 경기의 중간에 투입이 돼서 경기를 잘 마쳐야 할 책임을 지게 되는 것이다. 재무적 기간과 인사관리의 시점이 달라서 생기는 문제인데, 팀장은 이 시점을 잘 관리할 필요가 있다.

"저기요. 할 말 있습니다. 저는 이제 처음 팀장이 됐는데요. 팀장으로 임명받은 지 얼마 되지 않았고, 아직 업무 파악이 덜 됐습니다."라는 말이 먹히면 좋겠지만, 팀장 이상의 직급에서는 잘 통용이 되지 않는다. 굳이 "나에게 시간이 충분하지 않았다!"는 사실을 설득시키려고 애쓸 필요도 없다. 경영자도 시간이 충분하지 않다는 정도는 알고 있을 테니까. 회사에서 발생하는 모든 일은 유통기한을 가지고 있고, 팀장에게 주어진 시간도 무한정하지 않다는 사실만 기억하면 된다.

팀장에게는 30일의 시간이 매우 중요하다. 이 시간이 팀장으로서의 첫 이미지를 각인시키기 때문이다. 심리학에서는 이것을 '초두효과 Primary effect'라고 표현하는데, 찰나에 형성된 첫 인상이 쉽게 바뀌지 않는다는 것을 의미한다. 더구나 부정적 이미지로 각인되는 기억은 더 오래 지속된다. 회사에서는 좋은 이미지를 확정 짓는 기회와 나쁜 이미지를 세탁할 수 있는 몇 번의 기회가 있다. 가장 임팩트 있는 시간은 신입사원으로 입사했을 때와 팀장이 되었을 때다. 누군가는 이 시간을 어리바리하게 보내지만 누군가는 이 시간을 기회로 삼는다.

회사에서 발생하는 모든 일은 유통기한을 가지고 있다. 경영자가 요구하는 부분이 그렇고, 전략적인 부분이 그렇고, 실적이 그렇고, 세금이 그렇고, 대게 회사에서 생산되는 산출물이 그렇다. 다행인 것은 다른 팀장들도 주어진 시간이 동일하다는 것이다. 결국 자기 팀의 토양을 가장 빨리 파악하는 사람이 알맞은 시간에 씨를 뿌리고, 싹을 틔우고, 꽃을 피우고 열매를 맺게 될 것이다.

   사실 보이는 것을 파악하는 것은 어려운 일이 아니다. 진짜 승부는 보이지 않는 팀의 역량을 파악하는 것, 문제를 찾아서 개선점을 찾는 것, 시간이 걸리더라도 알아야 할 포인트를 찾는 것이다. 이 과정에서 팀원에게 감춰져 있던 능력을 찾을 수 있다면 베스트다. 팀장이 되면 선택과 집중 사이에서 충돌이 일어나는 부분들이 있는데, 현상을 빨리 파악한 사람일수록 대처가 수월해진다. 현상을 파악하다 보면 전임 팀장이 놓쳤던 것들, 운이 좋으면 성과를 극대화할 수 있는 창조적 아이디어도 찾을 수 있을 것이다.

데스크 어드바이스!

팀원들의 역량과 체력을 아는 리더는 더 많은 경쟁에서도 이길 수 있다.

4.

팀원들의
업무를
파악할 것

신기하게도 회사라는 곳은 더하기를 해도 합이 맞지 않는 구간이 많이 발생하는 곳이다. 이런 일이 생길 수 있다는 것을 알지 못하면 당황스러운 상황에 자주 처하게 된다. 단순하게 팀의 업무가 30개라고 가정하고 5명의 팀원이 공정하게 나눠서 하고 있다고 예를 들어보자. 그러면 한 팀원 당 6개의 업무를 하고 있고 이것을 다 더하면 30개가 되어야 한다. 그런데 팀원들에게 자신의 업무를 적어서 내라고 하면 업무의 합이 잘 맞지 않는 경우가 있다. 30개여야 하는데, 24개인 경우도 있고, 어떤 경우는 40개 이상인 경우도 있다.

합이 적은 경우는 팀원들이 하기 싫은 업무가 그만큼 널브러져 있는 것이고, 오히려 합이 초과하는 경우는 업무를 쪼개어 적었거나, 불필요한 업무를 늘렸다고 볼 여지가 있다. 이 부분은 팀장이 세세하게 살펴야 할 부분이다. 그리고 조직의 환경에 따라 중간에 붕 뜬 업무들이 있다. 시간이 지나서 발견하게 되면 내 업무도, 네 업무도 아닌 다툼의 씨앗이 되기도 하니 팀장으로서는 주의가 필요하다.

영업부서에 근무하던 김 팀장은 능력을 인정받아 승진과 함께 회사의 핵심부서로 발령을 받았다. 팀의 구성원이 12명이고 업무의 노하우가 필요한 팀의 특성상 팀원들의 직급도 높은 편이었다. 발령받기 전부터 팀의 직원들과도 친했던 터라 어색함은 없었다. 팀원들과 더 친해지기 위해 매일 돌아가면서 식사를 하는 노력도 했다. 김 팀장은 발령을 받고 일주일간 팀원들의 결재 서류에 묻지도 따지지도 않고 사인을 했다.

하지만 일주일이 지나고 나서는 팀원들이 올리는 결재 서류마다 반려하고 수정을 지시하는 일이 비일비재했다. 루틴 업무에 대해서는 기존에 하던 방법이 잘못됐다는 지적과 함께 자신의 스타일에 맞춰 방향을 바꿀 것을 지시했고, 새로운 기획안에 대해서는 자신의 아이디어를 넣어 내용을 바꿀 것을 지시했고, 팀이 기존에 거래하는 업체들은 문제가 있거나 용역비용이 너무 비싸니 자신이 찾은 더 저렴한 업체로 바꾸라는 지시도 했다. 팀원들이 따랐을까? 물론 아니다. 대놓고 지시를 거부하는 일도 자주 생겼다. 팀원들의 반항에도 나름의 이유가 있었다.

업무에서 발생하는 리스크가 팀원 자신에게도 영향을 끼치는 일들이었기 때문이다. 김 팀장은 팀원들과 잦은 다툼을 벌였고, 다음 해 인사 시즌에 다시 타 부서로 발령이 났다. 그리고 매해 다른 팀을 떠돌았다. 스스로 만든 문제로 좋은 기회를 '좌천'의 시간으로 삼은 것이다. 원래 팀장과 팀원 사이에 다툼이 생기면 팀원은 팀장을 이길 수 없다. 이게 회사라는 조직의 일반적인 룰이다. 하지만 팀장이 업무를 모르는 상태에서 힘으로 찍어 누르기를 하면 반대의 상황을 만드는 것도 어렵지 않다. 김 팀장은 그 이후에 다시는 회사의 중원에 발을 들이지 못했다. 팀원들의 반발에 타당한 이유를 만들어 주었기 때문이다.

원인은 김 팀장의 과한 욕심과 판단 착오다. 업무의 흐름이나 스토리를 전혀 파악하지 못했으면서도 모두 파악했다고 확신한 것이다. 팀에서 벌어지는 일들이 일주일만에 파악할 수 있는 업무들이 아니었다. 어느 정도의 짬밥을 가진 사람들이 착각하는 것이 업무를 쉽게 파악할 수 있다고 생각하는 오류다. 업무라는 것이 기존의 기안서, 보고서 몇 장 훑어보고 중심을 꿰뚫기는 어렵다.

경우에 따라 일주일이 아니라 더 적은 시간으로도 업무를 파악할 수 있겠지만, 어느 정도 규모가 되는 조직은 팀의 전체 업무와 팀원들의 개별 업무를 모두 파악하는 것에는 시간과 노력이 필요하다. 단계적 접근이 필요한 것이다. 김 팀장에게 필요했던 건 팀을 장악하기 위한 욕심이 아니라 팀원들에 대한 업무 질문부터 시작했어야 했다. '왜 이렇게 진행하고 있는지, 그건 왜 그렇게 진행했는지, 더 좋은 방법은 없었는지, 이것은 왜 기획했는지, 이 업체와 거래하는 이유가 있는지, 업체를 바꿨을 때 생길 수 있는 문제는 어떤 것이 있는지?' 같은 것만 질문했어도 김 팀장은 팀원들에게 조금 다른 모습으로 비쳐졌을 것이다.

그리고 회사에서 김 팀장의 입지도 많은 것이 달라졌을 것이다. 필요한 시간을 넘어서는 사람의 욕심이 이렇게 무섭다. 팀을 잘 이끌기 위해서는 팀원들의 업무를 파악하되, 제대로 파악해야 한다. 팀원들을 장악하는 건 힘이 아니다. 아는 만큼 볼 수 있고, 아는 만큼 지시도 할 수 있다. 딱 팀장이 노력하는 만큼 팀원들은 따라온다. 팀장의 힘은 그런 식으로 만드는 것이다.

데스크 어드바이스!

제대로 알아야 제대로 시킬 수 있다.

그리고 아는 만큼만 볼 수 있다.

5.

자격이 있는 멘토를 만들 것

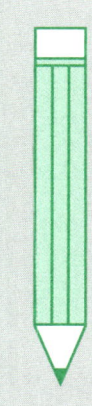

	당신에게는 멘토로 삼을 만한 리더가 있습니까? 멘토로 삼고 싶은 사람 3명과 그 이유를 간단히 적어보세요.
1	
2	
3	

    리더를 오래 했다고 리더의 역할을 잘하는 것은 아니다. 자리가 사람을 만든다는 말처럼, 팀원일 때 빛을 보지 못하던 사람이 팀장이 되면서 탁월한 리더십을 발휘하는 경우도 의외로 많다. 탁월한 사람은 다시 두 부류로 나뉘는데, 탁월함을 잇고 키워가는 사람과 그렇지 못한 사람으로 나뉜다. 이때 탁월함을 이어가지 못하는 사람은 생각보다 작은 돌부리에 걸려 넘어진다. 반대로 탁월함을 이어가는 사람은 작은 문제를 잘 극복하는 것만으로 큰 차이를 만든다.

    이 근소한 차이가 직장생활의 미래를 좌우할 수도 있다. 리더의 길을 걷다 보면 누구나 작지만 큰 문제, 크지만 피하고 싶은 문제를 만난다. 이런 어려움을 한두 번 잘 이겨내다 보면 내공이 쌓이고 지혜도 늘어난다. 하지만 가로막힘을 자주 경험하고 이겨내지 못하는 순간이 쌓이게 되면 마음은 지치게 된다. 그 마음이 발전하면 이러지도 저러지도 못하는 순간을 만들고 스스로 제어하지 못하는 상황들을 만들게 된다. 이런 상황을 만날 때, 피할 길을 얻는 지혜를 위해 필요한 것이 건강한 조언자, 멘토다. 단, 건강한 멘토를 만나는 것이 중요하다.

영화감독이 2시간짜리 영화 한 작품을 만들기 위해 촬영을 하면 결과물은 꼭 3시간 전후의 분량으로 마무리가 된다. 이것을 상품화하기 위해서는 애써 찍은 신Scene들을 잘라 내고 편집해서 2시간짜리 분량으로 만들어야 한다. 하지만 영화감독들은 이 작업을 해내지 못한다. 감독의 입장에서는 꼭 찍어야 할 분량만 찍었고, 스토리를 위해 꼭 필요한 내용만 남긴 것이다. 필요 없는 부분이 단 한 곳도 없기 때문에 잘라내서도 안 된다.

감독이 최종적으로 남긴 분량에서 내용을 잘라내는 것은 봉준호 감독이나 박찬욱 감독도 하지 못하고, 피터잭슨, 쿠엔틴 타란티노, 오우삼 감독도 하지 못한다. 그래서 있는 직업군이 영화 편집자다. 이들은 감독이 찍어놓은 촬영분을 보면서 내용을 시원시원하게 잘라버린다. 이렇게 해서 영화는 상업성 있는 작품으로 탄생하게 된다. '내 작품에는 더 이상 자를 내용이 없어.'라고 선언하는 감독도, 천재 감독이라 불리는 사람들도 편집자가 편집하는 것에 대해서는 겸허하게 따른다.

글을 쓰는 직업도 유사하다. 초고를 쓰고 수정에 수정을 거쳐 최종본을 탈고하면 더 이상 건드릴 내용이 없다고 선언

한다. 하지만 편집자는 그 고뇌의 글을 통으로 날려버리기도 하고, 순서를 바꿔버리기도 한다. 자타공인 글잘러인 소설가 김훈 선생도, 본인의 책을 60권 이상, 제자들에게 200권 이상의 책을 출간하게 만든 명로진 선생도, 내가 아는 가장 글 잘 쓰는 소설가 차무진 작가도 편집자의 말은 따른다. 무엇보다 그들을 필요로 한다. 이들이 편집자의 의견을 따르는 것은 편집자보다 실력이 뒤쳐져서가 아니다. 누구도 자신을 객관화하지 못한다는 것을 인정하기 때문이다. 천하의 천재 감독도, 천재 작가도 자기가 쓴 작품, 자기가 찍은 작품은 자르지 못한다. 하지만 편집자, 에디터는 6시간 분량으로 찍은 걸 2시간으로 팍 줄여버린다. 어쩌면 영화나 글에서는 편집자가 또 다른 멘토다.

    회사라는 곳은 경우의 수가 많은 공간이다. 실력과 성과가 꽤 여러 가지를 제압하는 공간인 것은 사실이지만, 시간과 경험 없이는 알지 못하는 것들이 있다. 멘토를 통해 그 경험과 시간을 빌리는 것이 지혜다. 간혹 회사의 경영과 리더십, 관계를 사람이 아닌 책으로만 배우려는 사람이 있는데, 때에 따라서 이 방법은 나쁜 방법이 되기도 한다. 기업의 오너들 중에는 직원들의 능력은 철저하게 평가절하하고, 내부 직원들의 말에는 귀를 닫고 외부 사람의 말에만 귀를 여는 리더십을 펼치는 사람이 있는데, 이런 리더들이 책에서 지혜를 빌리면 직원들은 불행해진다. 팀장을 넘어 리더들은 내 안의 조직이 내 리더십을 그대로 닮는다는 것을 알아야 한다. 리더가 비겁하면 구성원들도 비겁해지고, 리더가 일을 하지 않으면 구성원들도 일을 하지 않고, 리더가 막말을 하면 구성원들의 말도 싸구려가 된다.

책으로도 타인의 경험과 지혜를 얻을 수 있고 저자의 관찰을 통해 사물을 꿰뚫어보는 안목과 식견을 얻을 수 있지만, 이런 방법으로 배울 수 없는 것도 많다. 실리콘밸리에서 검증된 리더십을 배우는 것도, 하버드에서 검증한 리더십을 배우는 것도, 우리의 자랑인 세종대왕과 이순신 장군의 리더십을 배우는 것도 좋다. 하지만 예나 지금이나 가장 좋은 리더십은 우리 조직의 현실에 맞는 방법이다.

현실적인 도움을 구할 수 있는 멘토는 먼 곳에 있는 사람보다는 가까운 곳에 있는 것이 좋다. 좋은 멘토를 만나서 도움을 받을 수 있다면 그에 합당한 대가도 치러야 한다. 사람은 누구나 상대에게 대가를 받았을 때와 받지 않았을 때의 아웃풋이 달라지기 때문이다. 만약 대가가 식사라면 상대와 인간적인 친분은 덤으로 주어질 것이다. 때로는 이 시간이 직장생활에 지렛대 역할로 작용하기도 한다. 이보다 더 매력적인 일이 있을까.

회사의 추구하는 가치, 사업의 방향, 경영자의 성향, 조직 문화, 조직의 역량, 업무의 영역에 따라 팀장의 역할이 다르고 팀원들의 움직임도 다르다. 이런 것을 간파하는 것은 실제 경험이 아니면 배우기가 어렵다. 무엇보다 오래 걸린다. 이런 것에 대해 조언을 구할 누군가가 있다는 것은 팀장의 시간을 잘 보내는데, 팀을 하나로 만들고 팀의 성과를 극대화하는 데 걸리는 시간을 줄일 것이다. 좋은 멘토를 가진다는 것은 팀장 생활에서 막히는 순간마다 지혜를 얻을 수도 있지만, 때로는 위로를 받을 수도 있을 것이다. 나는 이것을 급하고 중요한 일이라고 생각한다. 좋은 멘토는 잘 쓰인 한 권의 책보다 귀하다.

데스크 어드바이스!

어떤 천재도 자신을 객관적으로 바라보지 못한다.

그래서 우리에겐 스승이 필요하다.

6.

내가
비난했던 리더를
복기해볼 것

당신이 비난했던 팀장은 어떤 모습이었고, 비난했던 이유는 무엇이었나요?

직원들이 최악으로 생각하는 상사는 어떤 모습일까? 지시는 답정너로 하면서 책임은 구성원들에게 전가하는 상사, 자신이 지시하는 업무를 정확하게 모르는 상사, 업무의 지시가 애매모호 한 상사, '라떼'에 사로잡혀 있는 상사, 부부싸움을 회사까지 끌어들이는 상사, 결정 장애가 있어서 결정해주지 않는 상사, 계산이 불확실한 상사, 이것 외에도 여러 유형이 존재할 것이다.

반대로 직원들이 좋아하는 상사는 어떤 모습일까? 지시가 정확한 상사, 분명하게 책임을 지는 상사, 성과를 팀원들의 공으로 돌리는 상사, 원칙이 있는 상사, 원칙을 지키면서도 유연성을 가진 상사, 공정한 상사, 탁월한 성과를 이끌어내는 상사, 역시 이것 외에도 여러 유형이 존재한다.

이 두 가지 질문에서 찾아야 하는 것은 좋은 사람과 나쁜 사람을 걸러내는 일이 아니다. 팀장에게 필요한 것은 '나는 어떤 리더가 될 것인가?'에 대한 부분이다. 지금까지는 상사를 욕하고 회사에 대한 불만을 뱉어내기만 하던 입장이었다면 꽤 많은 부분이 달라져야 한다. 이제는 경영자와 구성원들 사이에서 지렛대 역할을 해야 하고 뭔가 긍정적인 역할을 해야 한다.

이때의 역할은 박쥐 역할이 아니다. 팀원들에게는 회사가 왜 이렇게밖에 할 수 없는지를 대변하기도 해야 하고, 상사에게는 구성원들이 가진 불만을 전달하기도 해야 한다. 그리고 어떻게 해결하면 좋겠는지 적절한 대안까지 마련해서 의견을 피력하기도 해야 한다. 팀장이 되었는데도 여전히 팀원들과 회사를 욕하고 상사를 욕하는 일에 적극 가담만 하고 있다거나, 직원들이 피폐해져 가는데 모르쇠로 일관한다면 그건 당신이 욕하던 무능한 상사보다 더 개념 없는 상사가 되는 것이다.

사실 좋은 리더가 되는 것과 나쁜 리더의 차이는 그렇게 크지 않다. 우리가 입에 거품을 물고 욕하던 상사에게, 우리가 입에 사탕을 물고 칭송하던 상사에게 답이 있다. 이 두 가지 안에서 내가 따라가야 하는 것과 버려야 하는 것을 찾아야 한다. 모든 면에서 완벽한 리더가 되기는 어렵더라도 나쁜 상사가 되지 않으려는 노력, 그래도 괜찮은 리더가 되려는 노력은 필요하다. 좋은 팀장이 되는 길은, 우리가 그토록 씹어댔던 상사의 모습에서 길을 찾는 것이다.

> 당신은 어떤 상사가 되고 싶은가요? 그렇게 되고 싶은 이유는 무엇인가요?

데스크 어드바이스!

좋은 리더가 될 방법은 내가 상사에게 보냈던 뒷담화에 모두 담겨 있다.

7.
팀원들의 신뢰를 얻을 것

회사라는 공간에서의 신뢰는 '일과 관계를 이어주는 핵심 역량'이다. 신뢰는 '조금 불확실한 상황에서도, 상대를 믿고 따르고자 하는 마음'이라고 정의할 수 있다. 이것을 만들기는 쉽지 않지만, 한 번 만들어진 신뢰는 좀처럼 무너지지 않는다. 이것이 신뢰가 가진 가장 큰 힘이다. 팀장에 대한 믿음만 있다면 다소 불가능해보이는 목표, 조금 부담스러운 업무지시, 팀장의 실수에도 반감이 적다. 설령 불만이 있다 해도 그리 큰 문제를 만들지 않는다. 팀원들이 팀장의 지시와 업무에 대해 반론을 제기하고 불평불만을 늘어놓는 것은 대부분 신뢰와 관계가 있다.

원래 리더에 대한 믿음이 없으면 구성원들은 말이 많은 법이다. 신뢰만 쌓을 수 있다면 팀장의 업무능력이 다소 떨어진다고 해도, 팀장에게 어눌한 부분이 있다고 해도 부정적인 문제를 만들지 않는다. 한 번 만들어진 신뢰는 팀원들에게 많은 것을 감당하게 만들기 때문이다. 신뢰가 가진 장점은 자발적으로 움직이게 만들고 자발적으로 감당하게 만든다는 사실이다. 신뢰는 리더가 회사라는 공간에서 만들 수 있는 가장 우월한 유전자다.

이전의 수직적인 조직체계에서는 직급의 위계에 따른 통제가 가능했다. 하지만 오래 전부터 진화를 거듭해 온 조직 수

평화와 파트너십을 지향하는 시대적 요구는 수직적인 조직문화의 설 자리를 잃게 만들고 있다. 실제로 근래의 직장 생태계에서는 카리스마 리더십 등 수직적인 리더십 이론이 힘을 잃어가고 있다. '까라면 까라' 같은 식의 조직문화는 상호 반응하는 신뢰를 만들지 못하기 때문이다.

여전히 카리스마 리더십으로 센세이션을 일으키는 경우가 있지만, '신뢰'에 대한 라포rapport가 형성되지 않는다. 무엇보다 팀원들이 따르지 않는다. 시대가 변했고 문화의 흐름이 변했고, 여전히 변하고 있다. 밥벌이를 볼모로 어쩔 수 없이 따르는 척하는 것을 따른다고 보는 것은 착각이다. 따르는 것과 따르는 것처럼 보이는 것은 절대 같을 수 없다. 여기서 눈여겨볼 것은 수직적인 조직이라 할지라도 리더에 대한 신뢰가 강한 기업은 여전히 강한 성장을 이루고 강한 결집력을 가지고 있다는 사실이다. 이것이 신뢰가 가지고 있는 마법이다.

신뢰는 크게 두 가지 축으로 만들어진다. 하나는 성품의 영역이고 다른 하나는 역량이다. 성품은 팀원들에게 보여지는 주도 능력, 말과 행동의 일치성, 소통을 위한 노력, 팀원에 대한 존중 등의 관계 능력을 말하는 것으로 신뢰와 그대로 이어진다. 이 부분의 라포 친밀감, 신뢰관계가 형성되지 않으면 팀장의 다른 능력이 뛰어나도 신뢰가 형성되지 않는다. 역량은 팀장의 업무능력, 추진력, 성과 창출 능력, 관리 능력 등을 말한다.

팀장의 성품이 아무리 좋아도 업무적인 능력이 떨어지면, 팀원들은 신뢰를 가지지 않는다. 회사라는 곳은 결국 비즈니스 집단이기 때문이다. 팀장을 믿고 따랐을 때 팀원에게도 응당한 이익이 있어야 한다. 신뢰를 두 가지 축으로 표현했지만, '신뢰=역량'이라고 표현하는 것이 더 정확한 표현이다. 두 가지는 떼려야 뗄 수 없는 관계성을 가지고 있기 때문이다.

미국 포드햄 대학Fordham University 헐리R. Hurley 교수의 연구에 따르면, 신뢰 수준이 높은 조직에서 일하는 구성원들의 기분을 대표하는 단어들이 '신나는', '동기부여', '편안함' 같은 것이었다. 결국 리더에 대한 신뢰가 조직에 활기를 불어넣고, 동기부여를 일으키고, 일에 대한 두려움을 제거하고, 조직을 역동적으로 움직이게 만든다. 결국 신뢰는 팀장을, 팀원을, 팀을 이롭게 하는 시너지 역할을 하는 것이다. 팀원들은 팀장을 처음 만나면 업무능력, 추진력, 책임감에 대한 의심의 시선을 가지고 있다. 이건 조직문화의 어두운 부분에서 경험한 리더의 비겁함, 책임회피를 수없이 경험했기 때문이다. 이 부분에 대한 오해를 풀고 확신만 줄 수 있다면 팀은 많은 것을 할 수 있고, 팀의 역량도 많은 부분에서 달라진다.

신뢰가 주는 장점은 명확하다. 팀원들을 자발적으로 움직이게 만들고 알아서 성과를 만들게 한다. 팀원들은 리더를 신뢰하는 순간부터 자신의 손해 감수에 대한 게이지도 높아진다. 조직에서 팀원들이 움직이지 않는 것은 안전이 보장되지 않아서다. 안전만 확보된다면 팀장을 따르지 않을 이유가 없어진다. 이것이 조직문화의 진실이다.

결국 신뢰는 안전감을 제공하는 것에서부터 시작된다. 팀장의 지시를 따르면 반드시 성과가 나온다는 믿음, 혹시 우리가 실패하더라도 최종적으로 팀장이 책임질 거라는 믿음, 안전하다는 사인이 필요한 것이다. 팀원들에게 안전을 심어주면 리더의 통솔력은 자연스럽게 확보가 되니 일거양득인 셈이다. 언제나 신뢰의 가장 큰 혜택을 입는 사람이 팀장임을 기억해야 한다.

팀원의 신뢰를 부르는 7가지

- 팀장의 업무능력
- 팀원에 대한 존중
- 원칙과 일관성 있는 모습
- 쉬운 소통
- 팀원들에 대한 공정
- 팀의 성과를 높이는 것
- 팀원을 믿어주는 것

리더에게 신뢰는 시작이고 끝이다. 팀원들에게 신뢰받는 팀장이라면 그 자체로 능력이다. 반대로 신뢰를 주지 못한다면 그건 여러 면에서 노력이 필요하다는 말이다. 상사에게 신뢰받는다고 해도 팀원들의 지지를 얻어내지 못한다면, 조직에서 성공하기란 쉽지 않다. 결국 리더십 능력은 경영자에게도 노출될 것이기 때문이다.

팀장은 개인의 성과로 평가받는 사람이 아니라, 구성원들, 즉 팀의 성과로 평가받는 자리다. 기업의 핵심 가치가 고객의 신뢰라면 팀장의 핵심 가치는 팀원의 신뢰가 바탕이 되어야 한다는 것을 항시 기억해야 한다. 만약 내 능력은 탁월한데 팀원들의 실력이 떨어지고, 실력도 없는데 잘 따르지도 않는다고 불평한다면 해답은 단순하다. 그 능력을 팀원들과 회사에 보여주면 된다. 단, 기억할 것은 팀원도 아우르지 못하는 리더십이 탁월하게 평가되는 경우는 거의 없다는 점이다.

데스크 어드바이스!

좋은 리더가 되겠다고 너무 애쓰지 마라.
상식이 통하는 리더가 가장 좋은 리더다.

Chapter 2

나를 잃지 않고, 좋은 팀장이 되기 위한

to do list

1.

팀의
운영방침을
분명히
할 것

팀을 운영하면서 딜레마에 빠지지 않기 위해서는 팀의 운영방침, 팀장의 스타일을 분명하게 밝히는 것이 좋다. 처음 팀장이 되면 팀원들에 대한 과한 부담감을 가지거나 너무 조심스럽게 팀원들과의 관계를 설정하는 경우가 있다. 좋게 보면 배려라고 생각할 수 있겠지만, 너무 조심스러운 건 팀원에 대한 배려가 아니라 관계의 선을 모호하게 만든다. 회사에서는 원칙과 기준을 분명히 하지 않아 문제가 되는 경우는 있지만, 원칙과 기준을 제대로 설정해서 문제가 되는 경우는 없다. 팀의 운영방침과 팀장의 업무 스타일을 알려주는 것에 팀원들의 동의를 구할 필요는 없다. 목표를 설정하는 것과는 조금 다르게 접근해야 한다.

다만 이 원칙이 팀원들에게 먹히기 위해서는 상식적이어야 한다. 팀장에게 주어진 권한 내에서 이루어져야 한다. 회사에서 발생하는 모든 일에는 타이밍이 있다. 팀장이 팀의 운영방침을 밝히기에 가장 좋은 타이밍은 초기다. 이때를 놓치면 적당한 타이밍을 잃어버릴 수 있고, 팀장의 운영방침, 스타일을 알릴 기회를 잃게 되기도 한다. 초반에 '편하게 해, 편하게'를 외치다가 나중에서야 옥죄기 시작하면 팀장의 언어가 잘 먹히지 않는다. 부담스럽더라도 팀장은 팀장의 역할을 해야 하고, 팀원은 팀원의 역할을 하게 해야 한다. 어떤 경우에도 팀의 근간이 달라지지는 않는다. 팀장으로부터 시작되어야 하고, 팀장의 기준을 분명하게 하는 것부터 출발해야 한다. 팀장이 너무 저자세이거나 팀원처럼 행동하면 팀은 힘을 잃고 방향성도 잃게 된다.

프랑스의 농업 공학자 막시밀리언 링겔만Maxi milien Ringelmann은 집단 내 개인들의 개별적 공헌도를 측정하기 위해 줄다리기 실험을 했다. 그는 이 실험을 통해서 집단의 힘이 개별적으로 가지는 힘의 합보다 적다는 것을 발견했다. 개인이 혼자서 당길 수 있는 힘의 크기가 100이라면 2명인 집단의 힘은 200, 3명인 집단은 300, 8명인 집단은 800이 되어야 하는데 결과는 전혀 달랐다. 2명인 집단은 93%, 3명인 집단은 85%, 그 이상 집단에 참여하는 사람이 늘수록 1인당 공헌도가 점점 더 떨어진다는 집단의 심리를 발견했다. 심리학에서 많이 인용하는 링겔만 효과Ringelmann Effect에 대한 이야기다.

회사라는 공간은 링겔만 효과가 가장 잘 적용되는 공간이다. 우리는 팀에 사람이 많아질수록 성과의 합도 커지기를 기대하지만, 실제는 성과의 합이 비상식적으로 작아진다. 팀은 여러 사람이 함께 협업해야 하는 공간으로 1/n만큼의 역할에 충실하면 되지만, 사람이 많이 모이는 곳에는 항상 무임승차하려는 사람이 있다. 팀장이 팀의 분량만큼 성과를 만들기 위해서는 정확한 규칙을 가지고 있어야 하고 확인해야 한다. 여기서 주의해야 할 것은 회사라는 곳에서 벌어지는 일은 '1+1=2' 같은 형식으로 계산해서는 안 된다는 점이다. 업무의 교집합, 중복성, 불필요한 업무에 사용하는 시간, 기타의 일로 버려지는 시간 등이 많기 때문이다. 리더는 이런 시간을 찾아서 시간의 효율성을 높여야 한다.

심리학 기반의 행동경제학에서도 몇 가지 실험을 통해 '원칙을 가지고, 원칙을 공유하고, 원칙을 지키는 것이 일의 몰입을 강화한다.'고 주장한다. 팀의 운영방침을 확실하게 인식시키는 것이 가진 장점이 많다. 일단 팀장이 편하다. 그리고 팀원이 편하다. 팀장은 일을 시킬 때마다 규칙을 말하지 않아도 되고, 팀원은 일할 때마다 물어보지 않아서 좋다. 팀장들이 오해하는 것 중 하나가 팀원들이 자율을 좋아한다는 부분이다.

물론 자율을 싫어할 사람은 없다. 하지만 규칙이 없는 상태에서의 자율은 팀장의 매우 게으르고 무책임한 선택일 뿐이다. 규칙이 있어야 자율도 있을 수 있는 거다. 팀의 운영방침도 없고 규칙도 없다면, 인원이 많아질수록 성과의 합도 질도 떨어지는 링겔만 효과를 피할 수 없다. 원칙을 분명히 하면 일단 팀원들은 리더의 업무 스타일을 파악하느라 시간을 허비할 필요가 없고, 업무에 대해 팀장이 어떻게 반응할지 눈치를 보는 일에 시간을 사용하지 않아도 된다. 팀장도 중요하지 않은 일로 팀원들과 입씨름 하거나 소모전을 할 필요가 없어진다. 언제나 효율을 만드는 것은 비효율적인 것을 줄이는 것부터 시작된다.

데스크 어드바이스!

말꼬리를 흐리면 팀원들은 질서가 없어지지만,

리더의 방침이 분명하면 팀원들은 질서를 가지게 된다.

2.
팀원에게 자격이 있는 상대가 될 것

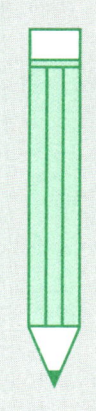

팀장이 되면 리더의 본질을 이해하는 것이 중요하다. 본질은 이론이 아니라 실제를 의미한다. 수많은 리더십 이론을 배우는 것도 중요하고 목표를 세우는 것도 중요하지만 리더의 본질은 성과를 내는 것이다. 성과를 내고 성과를 극대화하는 것이 리더십의 본질이라고 할 수 있다. 리더는 비전을 공유해야 하고, 균형감을 가져야 하고, 결정력이 있어야 한다. 또 추진력이 있어야 하고, 구성원을 아우를 수 있어야 하고, 결속과 몰입을 유도할 수 있어야 한다. 서번트 리더십, 비전 리더십, 자유방임적 리더십, 카리스마 리더십 등 이 같은 수많은 리더십 이론은 모두 성과를 잘 내기 위한 방법론에 지나지 않는다. 성과 없이 좋은 리더로 평가받기를 원한다는 것은 난센스다. 팀장을 넘어 임원이나 경영자도 리더십의 본질이 성과에 있음을 이해해야 회사를 성장시킬 수 있다.

　팀원들에게 대우받는 팀장이 되기 위해서는 그 자리에 걸맞는 자격을 갖춰야 한다. 기본적으로 필요한 것이 세 가지 있는데 팀원을 아우를 수 있는 업무능력, 팀원을 움직일 수 있는 리더십, 팀원에 대한 기본적인 선을 지키는 매너다. 뭔가 대단한 것이 필요한 것 같지만, 이 세 가지만 충실해도 팀원들이 따르는 팀장이 되기에 부족함이 없다. 팀장에게 주어진 과제는 매우 단순하다. 자신에게 주어진 팀을 어떻게 이끌어나가고 어떻게 합을 맞추고 얼마만큼의 성과를 낼 건지의 게임인 것이다. 팀원일 때는 상사의 평가만 받지만, 팀장이 되면 리더로서 상급자와 동료, 팀원 들에게까지 평가를 받게 된다. 회사는 내 마음 같지 않은 구성원들을 움직이기 위해 효과적인 문화를 만들고, 어떤 리더십을 펼치고, 어떤 당근을 사용하고, 어떤 채찍을 사용할지를 대단히 복잡하게 고민하지만 사실 해답은 간단하다.

팀원들에게 지켜야 할 선은 지키고, 팀원을 가이드할 정도의 업무능력을 갖추고, '나를 믿고 나를 따르라!'라는 사인을 확실하게 줄 정도의 용기만 있으면 된다. 연애할 때도 사업할 때도 자격이 있는 상대는 존중받는 법이다. 흔한 리더십 이론이 아니라 인간의 본능은 그렇게 움직인다. 팀원들도 자격이 있는 상대, 자격이 있는 리더라면 따르지 않을 이유가 없다. 팀장에게 자격이 있다고 판단하면 직원들은 알아서 움직인다. 그것이 자신을 위한 길인 것을 알기 때문이다.

'팀원이 팀장에 대한 예의를 갖추는 것은 당연한 일일까?'

리더나 팀장 들에게 이런 질문을 해보면 의견이 분분하다. 당연하다는 답변도 있고, 상황에 따라 다르다는 답변도 있지만 전자의 답변이 우세하다. 거꾸로 이 질문을 팀원들에게 해보면 후자의 답변이 강세다. 이 질문에 대한 정답을 특정할 수는 없겠지만 팀원들이 동일하게 반응하는 한 가지가 있다. 그것은 '팀장이 예의를 지키면 나는 당연히 예의를 지켜야 한다.'라는 것이다. 이것이 팀원을 움직이는 핵심일 것이다.

팀장이 먼저 지켜주는 예의는 경우의 수가 한 가지다. 일단 리스크가 없다. 회사에서 팀장과 팀원 사이에 예절로 인한 갈등은 빈번하다. 이런 문제는 공과 사의 중간쯤에 애매하게 걸쳐 있어 해소되지 않은 채 마음에 앙금을 남긴다. 마음속에 앙금이 남아 폭탄을 제조하게 되는데 이건 언제고 터지는 시한폭탄과도 같다. 이것이 터지면 팀원은 외상을 입게 되지만 팀장도 내상을 입게 된다. 팀장은 회사를 폭탄 제조공장으로 만드는 사람이 아니다. 팀원들과 함께 성과를 내야 하는 경제적 의무감과 사명감을 가져야 한다.

덧셈도 못하는 사람이 나눗셈을 못하는 사람에게 지적질을 하면 먹히지 않는다. 영어를 잘 못하는 사람이 영어 잘하는 사람에게 지적하면 통하지 않는다. 맞춤법부터 단어까지 정확하게 작성된 보고서에 상사가 잘못 알고 있는 지식으로 빨간펜을 들이대면서 지적질을 하면 팀장의 바닥이 드러난다. 이것이 한 번이면 실수다. 두 번이어도 실수다. 세 번을 넘어가면 무지함의 극치가 된다. 요즘 직원들은 매우 똑똑하다. 상사에게 배울 건 배우지만, 상사가 무지하면 따르지도 않고 그냥 무시해버린다.

　회사는 놀이터가 아닌 비즈니스 공간이다. 업무에 필요한 상식, 통솔에 필요한 아이템 정도는 공부를 하든 물어서든 배우고 익혀야 한다. 팀원들에게 스스로 호구임을 외치고 싶지 않다면 말이다. 갑오경장 이전의 시절에는 후배들에게 업무 지적을 하거나 업무를 논하다가 논리가 밀리면 윽박을 질러대는 사람들이 있었다. 선배들보다 합리적인 시대를 살아가는 우리가 이렇게 불쌍해보이는 리더십을 펼쳐서는 곤란하지 않을까?

　리더십의 본질은 구성원들을 움직여서 성과를 만드는 것이다. 팀의 최상위 옵션은 팀장이 말하지 않아도 스스로 움직이고 성과까지 내주는 팀원들이다. 대충 지시해도 척척 알아듣고, 하나를 말하면 둘을 알아듣고, 지시하지 않은 일까지 챙겨주면 매우 고마운 일이다. 중요한 일이 있을 때는 철야도 불사해주기를 바라지만 팀장의 희망사항일 뿐, 현실에서 이런 로맨틱한 일은 없다. 다만 눈치가 빠른 일부는 이상적으로 척척 움직여주기도 하는데, 어느 정도 시간이 필요한 일이다.

　팀원들이 모두 실력자로 구성되었다고 해도 모든 팀원이 '스스로' 알아서 하는 범주에 들어오지 않는다. 팀장이 되면 팀을 어떻게 이끌지 고민해야 하고 팀원들을 관찰해서 어떻게 움직일 것인지를 생각하게 된다. 마찬가지로 팀원들도 리더에 대해 간을 본다. 우리 팀의 리더가 어떤 사람인지, 일은 잘하는 사람인지, 공정한 사람인지, 믿고 따를 수 있는 사람인지에 대해서 말이다. 팀원들의 반응은 생각보다 정직하다.

팀장이 주는 사인이 좋으면 좋은 대로 나쁘면 나쁜 대로 있는 그대로 받아들인다. 리더십의 본질은 구성원들을 움직여서 성과를 내는 것까지지만, 거기까지 가기 위해서는 팀장의 지시를 팀원들이 따르게 하는 것이 먼저다. 주어진 권한을 잘 사용하기 위해서는 자격이 있는 리더가 되는 것이 중요하다. 리더에게 자격이 있으면 직원들은 따르게 마련이다.

한 후배 팀장을 만났는데 이런 불평을 했다. "직원들을 위해 좋은 팀장이 되려고 노력했다. 팀원들의 기분을 상하지 않게 하려고 나름 배려했고, 맛있는 음식을 사주기도 하고, 커피도 자주 사고, 편하게 소통하려고 일부러 말도 자주 시키고 했는데 팀원들은 팀장의 마음을 잘 몰라준다."라는 것이었다. 이게 진짜 팀원들이 원하는 것들이었을까? 아니면 후배가 좋을 거라고 생각하는 것을 일방적으로 준 것일까?

데스크 어드바이스!

사람들은 자격이 있는 리더를 따르고

자격이 없는 리더는 따르지 않는다.

3.

팀원과 적당한 거리를 유지할 것

팀장이 된 것은 축하할 일이지만 필연적으로 팀원들과 관계의 혼란을 겪게 된다. 자연스러운 과정이다. 아이러니하지만 팀원일 때 동료들과 대화를 나누던 것들이 흔적이 되어 팀장과 팀원의 이질감을 만든다. 팀원일 때는 괜찮던 것도 팀장이 되면 하지 않아야 하는 것들이 하나둘 늘어난다. 팀장이 돼서도 여전히 팀원들과 회사와 상사를 까는 일에, 팀원을 돌려까기 하는 일에 열과 성을 다해서는 곤란하다. 그런 일들은 리더로서 팀을 이끌어가는 동력을 스스로 잃어버리게 만든다. 처음 팀장이 되는 사람들은 "저 사람 팀장 되더니 사람이 달라졌어!"라는 말을 듣는 것에 심한 부담감을 가진다.

 게다가 부정적인 의미로 해석한다. 이게 그럴 일일까? 신기하게도 "팀장이 되면 달라지는 것이 당연한 일 아닌가?"를 입 밖으로 내뱉는 사람은 많지 않다. 그것이 문제다. 팀장이 되면 지금까지 보낸 시간과 달라지는 것이 정상이다. 건강하게 달라질수록 회사의 많은 부분을 이롭게 하고, 동료들을 이롭게 한다. 단, 좋은 방향으로 달라진다는 전제다. 팀장과 팀원의 관계, 팀원과 팀원의 관계가 달라야 하는 것은 당연한 일이어야 한다. 팀장이 돼서도 팀원을 팀원과 팀원 사이처럼 대한다면 그건 문제다. 적어도 둘 사이에 적당한 거리는 필요하다.

팀장과 팀원은 원래 다른 존재다!

"이놈의 팀장 직책 못 해 먹겠어요. 직원들은 자기가 할 일도 하지 않고, 시켜도 안 하고, 퇴근 시간이 되면 칼같이 나가버리고, 진짜 비협조적이고 무개념러들입니다."

팀장 직책을 가진 사람들에게 흔히 듣는 말이다. 신기하게도 팀원의 입장인 사람을 만나면 "리더가 리더다워야 하는데 리더다운 사람이 없어요. 죄다 책임감 없고 비겁하고 자기가 책임질 일까지 팀원들에게 떠넘겨요. 그렇게 비겁할 거면 완장차고 완장질은 왜 하는 겁니까?"라는 말을 많이 듣는다.

오너와 직원이 다른 존재인 것처럼!

중소기업의 대표들을 만나다 보면 꼭 듣는 말이 있다.

"좋은 직원을 뽑으려고 채용공고를 자주 냅니다. 신기하게도 지원자는 많은데 쓸 만한 사람이 한 명도 없어요. 이상하죠. 요즘 지원자들은 개념과 상식을 집에 두고 온 사람들이 너무 많습니다."

지원자의 입장인 사람들을 만나보면 말이 확연하게 다르다.

"직원을 채용하는 곳은 많은데, 괜찮은 회사가 한 곳도 없어요. 이상한 회사가 너무 많습니다. 면접을 가보면 채용공고와는 전혀 다른 조건을 말하는 곳도 많구요."

팀장과 팀원의 말은 모두 맞는 말이다!

팀장의 입장에서는 좋은 팀원을 찾기가 어렵고, 팀원의 입장에서는 좋은 팀장을 만나기가 어렵다. 이 두 관계는 원래 접점을 찾기 힘든 틈Gap이 있는 관계다. 이건 서로 인지해야 할 부분이지 상대의 문제를 찾아서 증명해야 하는 부분이 아니다. 그저 적당한 거리를 두고 대하는 것이 이롭고, 상대에게도 적당한 거리감을 가지게 놓아두는 것이 현명한 방법이다. 여러 면에서 달라지되 좋은 방향으로 달라지는 것을 고민해야 한다. 그것이 팀장에게 필요한 생각이다.

데스크 어드바이스!

팀장과 팀원이 가장 가까워지는 비결은 적당한 거리를 유지하는 것이다. 이 원칙만 지킨다면 팀장과 팀원은 매우 가까워질 수 있다.

4.

너무 좋은 팀장이 되려고 애쓰지 말 것

누구나 팀장이 되면 좋은 리더가 되고 싶은 욕망을 가진다. 당연한 욕심이고 부려야 할 욕심이지만, 너무 애쓸 필요는 없다. 욕심이 과하면 자기 꾀에 자기가 빠지게 될 수 있기 때문이다. 스스로 할 수 있는 것을 하고, 할 수 없는 것은 하지 않으면 된다. 특히 모두에게 좋은 팀장이 되겠다는 부담을 버려야 한다. 열심히 하는 팀원에게 좋은 팀장이 되어야 하지만, 자기 할 일조차 하지 않는 팀원에게는 나쁜 팀장이 될 수 있어야 한다.

그것이 모두를 이롭게 하는 것이다. 모두에게 좋은 사람이 되겠다는 건, 결국 누구에게도 좋은 사람이 되지 않겠다는 다짐과 같다. 팀의 분위기를 망가뜨리고, 업무에서 혼란을 가중시키고, 업무적 문제를 일으키는 사람에 대해 눈감겠다는 논리로 이어지게 된다. 마음이 과하면 비현실적인 목표를 갖게 되고, 오히려 그것이 팀의 분란의 씨앗이 되기도 한다.

팀장은 기본적으로 팀의 리더지만, 팀장과 팀원의 관계는 서로 Win-Win 하는 동업의 관계다. 팀원과 팀장도 Win-Win 관계지만, 팀원과 팀원의 사이도 Win-Win의 관계를 만들어야 한다. 어느 한쪽이 이 원칙을 깨거나 방해한다면, 팀장은 위력을 사용해서라도 이 원칙을 지키게 해야 한다. 팀장이 먼저 팀원들에게 선한 리더십과 믿음을 보여주되, 정당한 지시를 따르지 않거나 팀장의 정당한 권위에 도전한다면 그건 그에 맞는 행동, 응당한 대가를 치르게 해야 한다.

하지만 잘못을 인정하고 돌이킨다면 언제나 받아들일 수 있어야 한다. 그것이 서로에게도 좋고 팀에도 좋다. 그것이 Win-Win의 원칙이다. 반대로 팀장의 선한 리더십을 믿고 따라주는 사람들에게는 그에 맞는 대우를 하고 존중해야 한다. 잘하는 사람도 같은 대접을 받고, 잘못한 사람도 같은 대접을 받는다면 조직은 하향평준화의 길을 걷게 될 것이다.

심리학에서는 착한 사람이 되어야 한다는 강박관념에 대해 '굿 가이 콤플렉스Good Guy Complex'라고 표현한다. 이런 강박에 사로잡힌 리더는 부하직원에게 절대 싫은 소리를 하지 않는다. 가장 많이 사용하는 말은 '좋은 게 좋은 거지.' 같은 말이다. 리더가 이 말을 중용으로 생각하거나 리더의 덕목으로 생각하면 굿 가이 콤플렉스에 빠지게 된다. 과연 팀원에 대한 중용일까? 'NO!' '좋은 게 좋은 거다!'라는 것은 리더의 중용도 아니고, 덕목도 아니다. 팀원들에게는 무관심으로 비춰질 뿐이다. 그리고 리더의 이런 행동은 트러블 메이커를 만들게 된다. 리더는 착한 사람이 아니라 할 말을 하는 사람, 할 일을 하는 사람이 되어야 마땅하다.

아낌없이 주는 팀장이나 아낌없이 주는 팀원이 합쳐지면

가장 이상적일 것 같지만, 불행히도 현실에서는 가능하지 않은 일이다. 팀장이 아낌없이 주는 존재가 되는 것도 팀에는 바람직하지 않다. 팀장이 스스로 호구가 되는 일이기 때문이다. 팀에는 적당한 긴장감도 있어야 한다. 일부로 위압감을 조성할 필요는 없지만, 업무적으로는 어느 정도의 긴장감을 가지게 해야 한다. 모든 분위기를 흘러가는 대로 놓아두는 것은 게으르고 비겁한 선택이 된다.

예를 들어, 지시를 할 때 말이 많은 사람에게는 일을 적게 시키고, 시키면 말대꾸 없이 일하는 사람에게는 편하다는 이유로 일을 더 많이 시키는 것이 그렇다. 팀장의 지시에 팀원이 토를 달지 않는다고 해서 그 모든 상황을 모르는 것이 아니라는 것, 할 말이 없어서 하지 않는 게 아니라는 것을 알아야 한다.

너무 좋은 팀장이 되려는 생각은 자신도 지치고 팀원들도 지치게 만든다. 나는 좋은 팀장이 되려고 하는데 팀원들은 그렇게 받아들이지 않으므로 실망이 생긴다. 팀원의 입장에서는 '허허실실' 아무것도 하지 않는 팀장 때문에 지친다. 팀원들이 원하는 건 대단히 좋은 팀장이 아니라 그저 상식적인 팀장이다. 그 이상도 이하도 아니다. 해야 할 일을 하고, 하지 않아도 될 일은 하지 않으면 된다. 시킬 걸 시키고, 시키지 않아야 할 것은 시키지 않으면 된다. 내가 그토록 바라고 원하는 리더는 대단히 좋은 사람이 아니라, 아주 기본적인 상식 정도는 통하는 사람이었다는 사실을 기억하자.

데스크 어드바이스!

좋은 팀장이 되겠다고 다짐하는 건 좋은 일이지만,

너무 좋은 팀장이 되려고 애쓰면 지치거나 호구 팀장이 되기도 한다.

5.

팀원의 분쟁에 눈감지 말 것

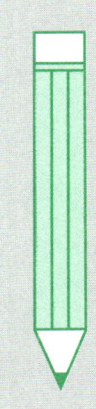

한 본부장은 구성원들의 단합을 위해 사업본부 팀원들과 함께 1박 2일의 한마음 워크숍을 떠났다. 분위기 좋은 장소를 선택하기 위해 넓은 계곡이 시원하게 펼쳐진 펜션을 직접 섭외하는 수고를 마다하지 않았고, 도착과 함께 직원들이 식사할 수 있도록 보양식을 맞춰 놓았다. 직원들은 상사의 수고로 더운 여름 계곡 위의 평상에 발을 담그고 즐겁게 음식을 나누었다. 음식을 먹은 뒤 직원들의 흥을 위해 A, B, C, 세 개의 팀으로 편을 나누어서 족구 시합을 하기로 했다.

팀원들의 화합하는 분위기가 기분 좋았던 본부장은 금일봉을 시상금으로 내걸었고 경기에 앞서 규칙을 설명했다. 경기 규칙에 모두 동의했고, 의욕이 넘친 상태로 경기가 시작되었다. 그러나 얼마 지나지 않아 경기는 난장판이 됐다. 계속 수세에 몰리던 B팀의 주장이 몇 번에 걸쳐 규칙을 바꾼 것이 발단이었다. 이 광경을 지켜보던 본부장은 "야, 싸우지 마, 좋은 게 좋은 거야. 왜들 다투고 그래. 그냥 해!"라며 경기를 속행시켰다. 얼마 지나지 않아 A팀의 팀장이 B팀의 팀장에게 깐죽거리기 시작했고, 이내 경기는 큰 싸움으로 번졌다. C팀의 팀장은 자신만으로 중재가 되지 않자, 가장 상급자인 본부장에게 중재를 요청했다.

"내가 뭐 하러? 자기들 문제는 자기들끼리 해결해야지. 나는 저런 진흙탕 싸움에 끼고 싶지 않아. 거참 아무것도 아닌 걸로 싸우고들 그래. 단합하자고 왔는데 이게 뭐야, 둘 다 그만해. 이 사람들아, 좋은 게 좋은 거야. 자, 술 한잔하면서 풀어."

C팀 팀장의 중재 요청에 대한 본부장의 대답이었다. 이 조직은 한마음 워크숍 이후에 한 지붕 세 개의 마음으로 갈라져 버렸다. 사실 한 본부장의 사업본부는 회사에서 TOP의 존재감을 뽐내던 조직이었는데, 이 한 번의 워크숍으로 인해 해체의 수순을 밟게 되었다. 한 본부장은 결국 팀원들이 거의 다 떠나갈 때쯤 다른 회사로 이직을 해야 했다. 리더가 직원들의 갈등과 분쟁을 회피하는 것은 리더에게도, 팀원들에게도 손해를 끼친다. 리더는 성과와 이익에 강해야 하지만, 리스크 관리에도 강해야 한다. 팀에서는 팀원과 팀원 사이, 업무와 업무 사이의 분쟁 같은 것들도 관리해야 한다.

주니어 시절, 일할 때마다 시비를 걸어오는 동료 B가 있었다. 그는 바쁘다는 이유로 매번 자신의 업무를 부탁해왔다. 바쁘지만 들어줬다. 우린 동료니까. 서너 번쯤 부탁을 들어줬을 무렵, 동료는 나에게 부탁하던 업무를 자신이 아닌 내 업무로 인식하기 시작했다. 바빠서 해줄 수 없다고 거절하면, "이거 당신이 해야 하는 거 아니야? 이건 당신이 하던 거니까 당신 업무잖아, 나는 바빠서 할 시간이 없어!" 같은 말로 시비를 걸어오기 시작했다.

내용의 핵심은 B 자신은 업무가 많은데, 상대적으로 내 업무가 너무 적다는 식의 내용이었다. 사실 나 역시 B에 비해 내 업무가 과도하게 많다고 여기고 있었던 터였다. 우린 자주 부딪쳤다. 그때 팀장이 우리를 불러서 문제에 개입하기 시작했다. 그리고 둘 다 피하기 어려운 제안을 했다. 서로 자신의 업무가 많다고 생각하고 상대의 업무가 적다고 생각하니, 팀장으로서 분쟁을 조정할 방법은 단 하나다. 이 시간 이후로 "둘의 업무를 바꿔라!"라는 지시였다. 우린 둘 다 흔쾌히 동의했고 서로에게 업무를 이관하기 시작했다.

이때 동료 B는 꼼수를 부리기 시작했고, 꼼수를 부리는 순간 우리 문제는 자연스럽게 해결되었다. 동료 B는 자신이 나에게 넘길 업무와 넘기지 않을 업무를 구분했고, 나에게서 넘겨받을 업무와 받지 않을 업무를 구분하기 시작했다. 이 모습을 지켜보던 팀장이 다시 개입했고 업무를 선별적이 아닌 전체를 다 바꿀 것을 지시했다. 이때 동료 B는 "저건 내가 못하죠. 내가 저런 것까지 해야 하나요?, 이건 아니죠." 같은 불만을 터트려 댔다. 이게 극소수의 경험일 것 같지만, 회사라는 공간에서 비일비재하게 일어나는 일이다. 나 말고도 이런 문제를 겪는 여러 상황을 경험했다. 팀을 운영하는 팀장은 팀원들의 이런 사소한 마찰과 분쟁까지도 파악하고 있어야 한다. 그리고 개입해야 할 부분과 개입하지 않아야 할 부분에 대한 기준을 가지고 있어야 한다.

업무에 대해 분쟁이 생기는 부분을 그냥 넘어가면 두고두고 팀워크를 분열시키는 화근이 된다. 내 문제 역시도 보이는 것이 다인 것 같지만 그렇지 않았다. 이런 분쟁을 그냥 놓아두면 또 다른 유사한 문제를 만들어 내고, 이 분쟁은 다른 문제와 이어지게 된다. 동료 B는 나와의 분쟁에서 자신의 행동이 틀리지 않다는 논리적 근거를 만드는 대신, 편을 가르는 방법을 선택했다.

일부 영향력 있는 선배들과 술자리를 통해 친밀도를 높여 자기 편을 만드는 방법과 이간질을 통해 분쟁을 풀어가려고 했다. 다행히 동료 B의 이간질은 다른 동료들의 건강한 생각을 이겨내지 못했다. 만약 이 분쟁에서 팀장이 관찰하지 않고 문제에 개입하지 않았다면, 이 문제는 또 다른 문제를 만들었을 것이다. 이건 팀장에게도 팀에도 매우 중요한 문제다. 팀을 단합시키는 것도 힘든 일이지만, 한 번 사분오열된 팀을 다시 뭉치는 것은 불가능에 가깝기 때문이다.

팀장은 그저 좋은 사람이 돼서는 곤란하다. 좋은 사람이 아니라, 해야 할 일을 하고 하지 않아야 할 일을 하지 않는 사람이어야 한다. 팀에서 벌어지는 모든 일에 대한 책임감을 가지고 고민하고 방법을 찾아야 하는 사람이어야 한다. 문제를 찾고, 바꾸고, 바꿀 수 없다면 설득하고, 더 좋은 방법을 찾는 것, 그것이 리더의 역할이다. 팀장이 팀장의 역할을 포기할 때, 팀장은 스스로 길을 잃게 된다. 할 것을 하는 것은 누구를 위해서가 아니라 팀장 스스로를 위한 일이라는 것을 기억하자. 관여하기 귀찮아서 방치하는 것은 언제나 더 큰 문제가 되어 팀장을 괴롭히게 될 것이다.

데스크 어드바이스!

"낄 때 끼고, 빠질 때 빠져라"

리더는 팀원과의 관계에서 빠져야 할 것과 개입해야 할 것을 잘 구분해야 한다.

6.

업무분장에 영혼을 갈아 넣을 것

팀에 있어서 업무의 배분은 매우 중요하고 예민한 사항이다. 업무분장은 팀장과 팀원, 팀원과 팀원 사이에서 역동적으로 움직이게 만들고 유기적으로 작용한다. 그리고 팀원들의 관계에까지 영향을 끼친다. 당연한 말이지만 업무분장이 잘 되어 있을수록 시너지가 많이 난다. 회사라는 공간이 매일 일을 해야 하는 공간인 이유다.

업무 배분은 팀장에게 벌어지는 일 중 적지 않은 갈등을 유발하는 것이기도 하다. 바꿔 말하면 업무분장만 잘해도 좋은 팀을 만들 수 있다는 말이 된다. 요즘의 팀원들은 업무 배분을 공정의 시작으로 생각하는 경우가 많다. 가깝게는 자신의 시간에 직접적인 영향을 끼치고, 멀게는 자신의 성과에 영향을 끼치기 때문이다. 업무분장을 사소하게 취급하면 안 되는 이유다.

업무분장에서 가장 중시해야 할 것은 팀장의 균형감이다. 업무의 균형감이라고 표현하지 않고 팀장의 균형감이라고 표현한 것은 업무분장에는 보이는 것 외에도 보이지 않는 것의 변수가 많기 때문이다. 팀장은 이것을 보기 위해 노력해야 한다. 할 수만 있다면 '1/n'의 법칙을 지키는 것이 좋겠지만, 업무가 그렇게 생각처럼 딱 떨어지지 않는다는 것이 문제다. 신이 팀장을 한다 해도 모든 팀원을 만족시킬 수는 없다.

그럼에도 팀장은 업무의 적절한 배분을 위해 노력하고, 그 모습을 팀원들에게 어필해야 한다. 그 모습만으로도 팀원들은 존중받고 있다는 느낌을 받는다. 적어도 업무의 정성적숫자로 표현되지 않는 부분에 대한 불만은 줄일 수 있다. 동료를 배려하는 사람의 업무가 과중해지지 않도록, 업무가 적은 사람의 투덜거림으로 인해 업무가 너무 헐거워지지 않도록 균형감을 가져야 한다.

이것이 고려되지 않으면 시키는 대로 조용히 일하는 사람은 지치게 되고, 어느 순간 터져버리게 된다. 불만을 잘 표현하지 않는 사람의 가장 큰 문제는 한 방에 터져버린다는 것이다. 설득이 잘되지 않고 봉합도 잘되지 않는다. 반대로 매사에 불만이 많은 사람은 어떤 업무를 시켜도, 어떤 분량의 일을 시켜도 불만을 쏟아낸다. 이런 캐릭터를 그냥 놓아두면 나르시시즘Narcissism으로 변질되어 버린다. 일을 시키면 투덜거리는 캐릭터 대신, 말없이 일을 처리해주는 팀원에게 일을 더 많이 나눠주는 리더가 있다.

이건 쉽지만 팀장의 바보 같은 선택이다. 이런 선택이 많아지고 길어지면 투덜거리는 캐릭터보다 더 무서운 캐릭터를 만나게 된다. 팀장은 이 두 캐릭터 사이에서 적당히 조절할 수 있어야 한다. 그래야 묵묵히 일하는 사람에게 부정적인 영향을 끼치지 않는다. 팀원 중에는 거절을 잘못해서 일을 많이 하게 되는 캐릭터도 있고, 매사에 투덜거림으로 일을 줄이는 캐릭터도 있는 이유다.

공정한 업무분장과 공정하지 않은 업무분장의 장단점은 명확하다. 우선 업무를 대하는 태도가 다르다. 전자는 태도를 좋게 만들지만, 후자는 태도를 불량하게 만든다. 업무의 중요도나 비중은 팀원들의 커리어에도 영향을 끼치고 차별에 대한 문제로 이어지기 때문이다. 조사된 자료들에 의하면, 업무배분에 불만을 느끼는 사람은 업무 평가나 승진까지도 연계해서 불만을 느낀다고 한다. 결국 업무분장을 불공정의 시작으로 보는 팀원들이 많다는 결론으로 이어진다. 결국 일을 열심히 하게 만드는 것과 열심히 하지 않게 만드는 것의 시작점이 업무분장이라고 할 수 있다.

업무분장은 지속적으로 관리가 되어야 한다. 업무배분이 합리적인지, 개인들의 능력을 적절하게 반영했는지, 팀의 성과를 올리기에 효과적인 배분인지, 팀원들의 불만에 대한 사각지대는 없는지 지속적인 관찰을 할 필요가 있다. 업무배분으로 인해 트러블이 생긴다면 팀장이 개입해서 해결해야 하고, 더 좋은 방법이 있다면 개선해야 하고, 팀의 상생을 위해서 팀원들과 유기적으로 소통해야 한다. 팀원들의 업무에 어려움이 없는지 등에 관심을 가져주는 것, 힘들고 바쁜 것을 알고 있다는 것을 보여주는 정도만으로도 직원들의 불만을 줄일 수 있다. 뒷부분에서 회식에 대해서도 언급하겠지만, 예전에는 이런 부분을 회식으로 일정부분 해소하기도 했다. 다만 지금은 이런 부분에 대한 감성이 예전과는 달라져 버렸다. 팀원들의 마음을 자극하지 않기 위해서는 특정인에게 이익이 되거나, 특정인에게 손해가 되는 업무분장은 가능한 줄이는 것이 좋다.

예전 회사에서 유사한 업무를 하는 팀장 3명을 관찰한 적이 있다. 능력이 모두 출중했고 스마트한 사람들로 같이 일하고 싶어 하는 직원들이 많았다. 일단 그들과 함께 일하면 다른 팀으로 옮기고 싶어 하지 않았다. 그런데 유독 한 팀장만은 직원들이 같이 일하는 것을 꺼렸다. 그 팀에도 지원자가 많았지만, 보내 놓기만 하면 다른 팀으로 보내달라는 면담 요청이 발생했다. 이유는 그 팀장의 업무분장 방식이나 업무 스타일이 독특해서 모두가 바쁜 팀을 만들었기 때문이다. 다른 팀에는 야근도 별로 없었지만, 이 팀은 유독 야근이 많았다. 처음에는 이 팀장이 일을 열심히 한다고 생각했지만, 업무를 진행하는 방식을 지켜보면 지켜볼수록 그게 아님을 알았다.

적어도 업무분장에 대해서는 논리적이고 합리적이어야 한다. 일이 많은 사람이 불만을 표현하지 않아도 일이 많은지 알 수 있어야 하고, 일이 적어도 뻥튀기를 시키는 캐릭터에 대해서도 알고 있어야 한다. 그리고 이것은 아는 것을 넘어 업무평가까지 이어져야 한다. 재주는 A가 부렸는데 평가는 B가 높게 받거나, 성과는 B가 다 만들었는데 승진은 C를 시킨다든지 하면 팀원들은 팀장을 넘어 조직을 불신하게 된다. 언제나 조직은 상향평준화보다는 하향평준화의 길이 더 쉽고 빠르다.

업무분장 시 중요사항

- 불평 없는 직원에게 업무를 몰지 말 것
- 일 잘하는 직원에게 업무를 몰지 말 것
- 업무의 중요도와 시간을 고려할 것
- 개인의 능력치를 고려할 것
- 필요 없는 업무를 덜어낼 것
- 어떤 업무든 중요한 일을 하고 있다고 느끼게 할 것

팀장이 되면 좋은 직원, 나쁜 직원, 이상한 직원을 수없이 만나게 된다. 내 입맛에 맞는 좋은 직원이나 실력 있는 팀원들만 구성할 수 있다면 좋겠지만 현실에는 없는 일이다. 천우신조로 좋은 사람들로만 팀을 구성한다 해도 그중에는 또 신종 또라이가 만들어진다. 팀장이 좋은 직원과 나쁜 직원을 구분하는 것은 바람직하지 않지만, 팀원이 어떤 것을 잘하고 어떤 것을 못하는지 아는 것은 중요한 문제다. A 업무를 잘하는

직원에게 C 업무를 맡기고, B 업무를 잘하는 직원에게는 B 업무를 맡기고, C 업무를 잘하는 직원에게는 A 업무를 맡겼다고 가정해보자. B가 가장 좋은 성과를 내고 A와 C는 나쁜 성과를 내는 것은 당연한 일이다. 팀원들의 장점과 능력을 잘 사용하는 것, 그게 팀장에게 필요한 능력이다.

김 차장은 팀장들에게 인기가 별로 없는 직원이었다. 착했지만, 행동도 느렸고 말도 느렸다. 게다가 잠이 많아서 업무시간에 조는 모습을 자주 보였다. 동료들에게 그런 모습이 좋게 비쳐질 리 없다. 술을 못 마신다는 이유로 회식 자리도 잘 참석하지 않았고 사람들과 어울리는 것도 잘하지 못했다. 그런 그가 신기하게도 차장까지 초고속 승진을 거듭했다. 회사에 이렇다 할 혈연, 지연, 학연도 없는 직원으로서는 이례적인 일이었다. 그의 초고속 승진에는 그룹 인사부문장 K의 전폭적인 지원이 있었다. 그리고 그의 승진에 아무도 토를 달지 못했다. 회사는 인사철만 되면 분위기가 별로였다.

인사발표가 나지도 않았는데 이번 승진은 '이렇다더라, 저렇다더라'하는 소문이 무성했고, 그 소문으로 시작된 사내 정치로 인해 인사 결과가 뒤바뀌기도 하고 노조와도 마찰이 많았다. 매해 인사부문 직원들의 입조심을 강조했지만, 그다지 효과가 없었다. 인사부문장인 K는 평소 눈여겨보고 있던 김 차장을 그룹 인사팀에 영입했고, 인사팀에서 가장 비중 높은 업무를 맡겼다. 인사에서 논란이 되던 일들은 김 차장과 독대로 업무를 처리했다. 이후 이 회사에는 인사 발표 전에 생겼던 문제가 거의 사라져 버렸다. 인사부문장 K는 김 차장의 인사기획능력, 공정성, 무거운 입을 통해 대외비 업무에 매우 적합한 인물인 것을 한눈에 알아본 것이다.

팀에 좋은 사람을 채우는 것도 팀장의 능력이다. 그러나 진짜 능력은 자신에게 주어진 사람으로 최대의 효과, 최대의 성과를 만드는 일이다. 오히려 능력자를 팀원으로 데리고 가서 그에 걸맞는 성과를 내지 못한다면 무능으로 보는 것이 합리적일 것이다. A 업무를 빌빌대는 직원이 B 업무에는 강자일 수도 있다는 관점, A 업무를 잘하는 직원이지만 B 업무도 잘하는 직원이라는 것을 파악하는 것, 적어도 팀장은 이런 매의 눈을 가지고 있어야 한다. 그러면 내가 가진 자원으로 가장 큰 성과를 낼 수 있다. 이건 경영자나 인사팀에도 필요한 능력이지만, 가장 먼저는 팀을 이끄는 팀장에게 필요한 능력이다.

세기의 경영컨설턴트로 알려진 짐 콜린스는 《좋은 기업을 넘어 위대한 기업으로 Good to Great》에서 적합한 사람을 버스에 태우는 것에 대한 장점을 말한다. 버스에 올라타기에 적합한 사람들을 태우면 이 사람들을 동기부여하고 관리할 필요가 없다. 열정을 끌어올리기 위해 사용하는 시간도 소요되지 않는다. 적절한 사람을 태우면 그들이 스스로 동기를 부여하고 탁월한 성과를 만들 것이다. 이 내용이 2001년에 발간된 이 책에서 시작된 이야기라고 단정 지을 수는 없지만, 이 책이 출간된 이후에 탁월한 팀을 만들기 위해서 팀장이 해야 할 첫 번째 능력으로 팀원의 구성을 강조하는 경우를 종종 보게 된다.

문제는 이 이론이 우리 현실에 잘 맞지 않는다는 것이다. 거의 모든 팀의 출발은 기존에 있는 팀을 인수해서 출발하거나, 팀장에게 선택의 여지가 없는 팀을 운전해야 하기 때문이다. 실력 있는 직원을 끌어 모으고 그들을 통해 좋은 성과를 내는 것도 중요하지만, 더 큰 능력은 주어진 인원으로 성과를 극대화하는 것이다. 그 시작이 업무를 배분하는 것이기에 팀장은 업무분장에 공을 들여야 한다.

데스크 어드바이스!

업무분장이라는 단추가 잘 못 끼워지면, 팀원들은 매번 다툼을 일으킨다.

내가 그토록 욕하던 팀장과 똑같은 행동을 하면서 좋은 팀장이 되겠다고 하는 것은 미쳤거나 아프거나 둘 중 하나다.

Chapter 3

팀원을 잃지 않고, 좋은 팀장이 되기 위한

to do list

Chapter 3

1.

팀원을 경쟁자로 생각하지 말 것

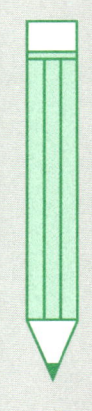

팀장이 되면 팀원과의 관계 설정부터 정확해야 한다. 상사와 부하직원인지, 동료인지, 경쟁자인지가 불분명하면 팀원들은 팀장을 경계하게 된다. 팀원도 팀장도 스스로 빠지는 함정이 있다. 팀장과 팀원의 관계를 경쟁적 관계로 만드는 일이다. 경쟁적 관계가 가진 장점이 있지만, 팀장과 팀원의 경쟁적 관계는 질서를 무너뜨리고 쓸데없는 시간 소모, 업무효율 낭비, 감정 소모 등을 유발하게 된다.

짐 콜린스는 모든 성과에 대해 '단지 좋은 팀원을 만나 운이 좋았을 뿐'이라는 말로 공을 팀원들에게 돌리는 리더를 위대한 리더라고 표현한다. 하지만 현실에서는 위대한 리더가 아니라 좋은 리더도 많지 않다는 팀원들의 아우성이 깊다. 게다가 팀원의 성과를 가로채는 팀장들이 있다. 이건 상사의 치명적인 실수다. 직장생활은 길고 긴 레이스다. 팀원의 성과를 가로채면 리더의 공으로 가져갈 수는 있지만, 긴 레이스에 필요한 팀원들을 얻을 수가 없다. 거짓은 진실을 가릴 수 있지만, 아주 오랫동안 진실을 가리는 것은 불가능하다. 결국 옥석은 구분이 되게 마련이다. 이런 행동이 주는 폐해는 앞에서 얻은 이익을 뱉어내고도 남음이 있다. 앞으로 남고 뒤로 밑지는 장사라는 말은 이런 상황에 어울리는 말일 것이다. 팀장 정도 되면 시야를 조금 멀리 내다볼 필요가 있다.

우리 팀이 탁월한 성과를 달성했다고 가정해보자. A 팀장은 "아, 내가 이 대단한 일을 해냈지 뭡니까! 내가 개입하면 반드시 높은 성과가 나옵니다."라는 말을 한다. B 팀장은 "우리 팀이 이런 대단한 성과를 만들었습니다. 이건 우리 팀원들의 열정과 노력 때문에 가능했습니다. 만약 당신들이 없었다면 절대 할 수 없었을 겁니다."라고 말을 한다. 이건 누구의 공으로 이어질까? 만약 당신이 팀장의 상사거나 경영자라면 어떤 평가를 하게 될까? 적어도 후자는 팀원들을 빛내면서도 팀장을 더 빛나게 만드는 방법일 것이다. 전자의 팀장이라면 탁월한 성과를 내고도 아무도 빛을 보지 못하는 아이러니를 만들게 된다.

팀장은 팀장의 공으로 만들기 위해 정치를 해야 하고, 팀원들은 팀원들대로 자신의 것을 찾아간다는 명제 하에 뒤에서 수군거리게 될 것이다. 팀장도 팀원도 함께 빛을 잃어버리게 만드는 비루한 일이다. 생색을 낼 거라면 지혜롭게 내야 한다. 꼭 위대한 팀장이 아니더라도 팀원을 빛내주는 팀장, 빛내주려고 노력하는 모습을 보이는 팀장은 스스로 사람을 따르게 만드는 리더가 된다. 무엇보다 그런 팀장을 팀원들이 진심으로 따르고 존경한다. 이건 나이의 문제도 아니고, 경력의 문제도 아니고, 돈으로 만들 수 없는 매우 귀중한 자산이다. 상사의 눈에도 팀원들의 눈에도 그렇게 보이는 것이 일반적이다. 진심을 담고 있다면 더 좋겠지만, 계산적으로 그린 큰 그림일지라도 팀장의 행동은 가성비를 높일 수 있어야 한다.

생각의 수준이 결국 리더의 수준이 된다. 그리고 리더의 수준은 회사의 수준이 된다. 팀원을 경쟁자라고 생각하는 순간, 팀장의 수준은 팀원과 동급이 된다. 스스로의 레벨을 낮추는 우스운 일이다. 설령 팀원에 대해 자격지심이 있다고 해도 그것을 들키지 말아야 한다. 스스로를 너무 없어보이게 만드는 안타까운 일이다. 만에 하나 팀원이 팀장에게 경쟁의식을 느끼더라도 그 감정을 덜어주려는 노력을 충분히 해야 한다. 팀장의 경쟁자는 팀원이 아니라 더 높은 곳으로 향해야 한다. 다른 회사와 경쟁하거나, 다른 팀과 경쟁하거나, 기존에 팀이 가졌던 수준과 경쟁해야 한다. 팀원들도 그런 가성비 있는 경쟁에 함께할 수 있도록 참여시켜야 한다. 그것이 자신의 가치를 높이고 팀원의 가치도 높인다. 기존의 팀장이 달성한 목표가 '90'이라면, '100'이라는 목표를 정해놓고 경쟁하는 것, 그것이 경쟁이다. 팀원과는 목표를 공유하고, 목표를 달성해야 하는 동지이지 경쟁의 대상이 아니다. 최선의 성과를 내기 위해서 팀원은 동료이자 동업자여야 한다. 팀의 목표는 경쟁보다 훨씬 단순한 목표이며 집중할 수 있는 실체이기 때문에 성과를 내는 가장 좋은 방법이다.

데스크 어드바이스!

팀원은 경쟁자가 아니라 동업자다.

팀이 뜨면 같이 뜨고 팀이 죽 쑤면 같이 쑨다.

2.

MZ세대와 X세대에 대한 이해를 넓혀갈 것

"요즘 애들 미친 거 아니야? 개념도 없고 근성도 없고. 우리 땐 안 그랬는데…"

사실 이 말은 예전에 X세대를 지칭해서 사용했던 말들이다. X세대라는 말은 1991년, 캐나다의 소설가 더글라스 코플랜드의 소설 《X세대Generation-X: Tales for an Accelerated Culture》를 통해 대중화되었다. 광고기획사 제일기획은 〈트렌드 리포트〉를 통해 X세대에 대해 '주위의 눈치를 보지 않는 개성파이자 경제적 풍요 속에 성장했던 세대로 경제적으로 원하는 것은 무엇이든 얻을 수 있었던 세대'라고 표현했다. 서태지와 아이들이 탄생했고, 대중문화에 많은 변화가 시작되었다.

시간이 흘러 1990년대 X세대는 지금의 기성세대로 확고하게 자리를 잡았다. 기원이 어떻게 되든, 어떻게 표현을 하든 X세대는 당시에 출현한 가장 젊은 세대였고, 뭔가를 바꿀 수 있는 세대였고, 뭔가를 바꾼 세대인 것만은 틀림이 없다. 이 중에는 여전히 젊은 세대로 살아가려는 사람도 있고, 당시 X세대를 비꼬던 선배 세대를 판박이처럼 닮아가는 사람도 있다. 어쨌든 당시의 선배 세대에게 X세대는 '라떼는 말이야'를 유발하던 암적인 존재였다.

"요즘 애들 완전 개인주의야. 오로지 자기밖에 관심이 없어. 우리 땐 안 그랬는데…"

회사의 기성세대가 요즘 MZMillennials and Gen 세대를 향해 쏟아내는 말들이다. 리더 중에는 마치 MZ세대에게 문제가 있거나, 문제가 있어야 하거나, 이전에는 없었던 무개념 호로 사피엔스가 나온 것처럼 표현하지만 사실은 지금의 가장 젊은 세대인 것뿐이다. 그리고 X세대는 기성세대가 된 것이다. 세대가 흘러가면서 환경이 바뀌고, 생각이 바뀌고, 행동이 바뀌는 것은 자연스러운 일이다. 마치 없던 세대가 등장한 것처럼 호들갑을 떨 필요는 없다.

주판을 튕기면서 자란 세대, 공중전화를 쓰던 세대, 삐삐를 사용하고 공중전화 부스 앞에서 시티폰을 걸던 세대, 컴퓨터의 탄생을 보던 세대, 500g 짜리 태블릿이 일상인 세대, 스마트폰을 보면서 자란 세대가 다른 건 당연한 거다. 떡볶이 집과 빵집에서 미팅하던 세대와 SNS로 앱으로 사람을 만나는 세대가 같기를 바라는 건 정말이지 억지 같은 생각을 요구하거나 행동 양식이 같기를 바라는 것 자체가 모순인 셈이다.

X세대도, Y세대도 또 다른 세대도, MZ세대에게도 문제는 전혀 없다. 이전의 직장생활과 지금의 직장생활이 조금씩 변

해온 것이지 한 번에 뭔가 대단한 변화가 일어난 것은 아니다. 다만 그 변화를 받아들이지 못하는 선배가 있고, 조직문화가 있었다. 변화하고 있는 것을 애써 외면하다 그것을 한꺼번에 받아들이려니 버거운 것뿐이다.

MZ세대 중에도 개념 없는 후배는 있다. X세대가, 그 선배 세대가 그랬던 것처럼. 그리고 이것이 세대의 구분인지 세대 구분을 핑계로 삼는 것인지 생각이 필요한 부분이다. 신기한 건 X세대라고 표현하는 나이대에 있는 사람과 MZ세대라고 표현하는 나이대에 있는 사람 중, 꽤 많은 경우는 자신이 왜 그 세대에 포함되어 있는지조차 모르거나 이해조차 하지 못한다는 사실이다. 결국 MZ세대는 새로운 세대의 출현이 아니라 사회의 변화로 인식하는 것이 더 진실에 가깝다.

중요한 것은 예나 지금이나, 지금의 가장 젊은 세대를 잡는 회사가 성장하고 기회를 잡는다는 것이다. 이건 매우 중요한 포인트다. 잘나가던 굴뚝기업들에 젊은 층의 관심이 적어지는 건 다 그만한 이유가 있는 거다. 안에 있는 사람들은 잘 못 느끼지만 젊은 층을 많이 이해하고 공감을 얻는 회사일수록 성장세가 강하다. 이건 팀장들에게도, 팀장들의 상사에게도 매우 중요한 문제다. 이런 환경을 이해하지 못하면 회사에서 긍정적인 역할을 하기 어렵다. 그건 회사도 마찬가지다. 한

달에도 몇 건씩 MZ세대에 대한 리포트가 쏟아져 나온다. 이걸 통해서 '아, 요즘 사람들이 이렇구나.' 정도밖에 이해할 수 없다면 애석한 일이다.

이런 리포트에서 찾아야 하는 건 세대와 세대 사이에 존재하는 기회다. MZ세대를 통해 배울 수 있는 것 중 하나는 우리가 회사에서 만난 사이라는 것이다. 아직도 옛 감성에 사로잡힌 리더들은 직원에게 주인처럼, 가족처럼 일하기를 요구하지만 그런 일은 없다. 회사는 철저하게 비즈니스 공간이다. 줄 건 주고, 받을 건 받는 게 비즈니스의 근간이다. 그리고 비즈니스 정신은 주인정신에 비해 더 많은 것을 하게 만들고, 더 효율적으로 하게 만든다. 사탕발림이나 거짓말로 귀에 꿀을 두를 것이 아니라면 현실을 직면할 수 있어야 한다. 그것이 기업의 미래와 팀장의 미래를 결정짓게 될 것이다.

솔직히 회사라는 공간이 평온할 때는 팀장들의 실력은 대부분 그만그만하게 느껴진다. 진짜 실력은 문제가 생겼을 때 도드라진다. 실력이 있는 사람은 문제해결 능력을 통해 문제를 딛고 일어서지만, 실력이 부족한 사람은 문제가 생기면 넘어져서 일어나질 못한다. 원래 태평성대의 시절과 태평성대의 조직에서는 실력자와 실력 없는 사람의 차이가 크게 느껴지지 않고 작용도 하지 않는다. 실력이 부족한 사람들에게 이런 환경은 말 그대로 인생의 로또인 셈이다. 반대로 실력 있는 사람에게 이런 조직은 무덤에 가깝다.

MZ세대의 특징을 세 가지로 정리한다면 개인주의, 표현주의, 합리주의로 볼 수 있다. 자신을 위해 일을 하고, 좋은 것이든 나쁜 것이든 표현하고, 합리적인 것은 따르지만 불합리한 것은 따르지 않는다. 이전 세대와 다른 것이 아니라 이전 세대가 표현하지 못했던 것들을 적극적으로 표현하는 것이다. 어느 것이 더 합리적인지 생각해볼 필요가 있다. 기존의 조직문화에 젖어 있는 사람들에게 MZ세대가 다루기 쉽지 않은 것은 사실이다. 그러나 개인주의라고 해도 "회사 일이 중요해? 개인적인 일이 중요해?"라는 질문을 하고 '회사'라는 답변을 꼭 들어야 직성이 풀리는 바보보다는 현명한 방법일 것이다.

그들은 야근을 싫어하는 대신 업무시간에 더 적극적이고, 회사의 문제를 감추는 대신 있는 그대로 노출시키고 문제해결에 더 적극적이다. MZ세대의 특이점은 개인주의지만 공정과 정의를 중시한다는 사실은 꽤 의미 있게 보아야 할 부분이다. 어쩌면 필요할 때만 집단을 생각하는 척하는 일부 기성세대의 저열함보다는 장점이 더 클 것이다. 하지만 이것이 어느 한쪽만 맞다고 생각하는 것은 항상 문제가 된다. 만약 MZ세대인 팀장이라면 반대로 X세대에 대한 이해와 그들이 가진 경험을 어떻게 사용하고 성과로 연결시킬 것인지를 고민해야 한다.

미국의 저명한 리서치업체인 SRI_{Springtide Research Institute}에 따르면, MZ세대 역시 회사생활에서 가장 중요하게 생각하는 것은 '상사와의 관계'가 압도적이었다. 이전 세대와 확연하게 다른 부분이 있는데, 그것은 일 잘하는 사람을 최고의 리더로 여긴다는 것이다. 그들의 문화는 팀장에게 업무적 전문성이 확인되면 그대로 믿고 따르지만, 반대의 경우에는 그렇지 않다는 결론이다. MZ세대를 아우르기 위해서는 인간적 매력보다는 업무적 매력을 키우는 것이 훨씬 효과적일 것이다.

X세대든 MZ세대든 현상만 바라보거나 서로 다름을 확인하는 것만으로는 어떤 것도 해결할 수 없다. 서로의 성장환경과 경험, 생각의 차이를 인정해야 한다. 선배 세대는 MZ세대의 개인주의가 '개념 없음'에서 출발한 것이 아니라는 것을 이해해야 한다. 선배 세대의 꼰대화가 단순히 나이 들어서 진행된 것이 아닌 것처럼 말이다. MZ세대는 시작부터 취업할 곳이 없었고, 그런 환경이 당연한 일이었다. 할 수 없었던 일에도 하지 않는다는 비난을 당하기도 했다. 어려움에 대해 도움을 받을 곳이 없었고, 어렵게 취업해도 계약직인 곳이 많았고, 회사가 직원을 끝까지 책임지지 않는 모습을 여러 가지 형태로

경험했다. 거기에 더해 회사에서 성공하기 위해 자신을 포기해야 했던 선배 세대와 성공하지 않고, 포기하지 않아도 부족함 없이 잘사는 사람들을 보면서 혼란을 겪을 만큼 겪은 터다.

이것을 뒤집으면 고스란히 선배들의 경험을 만나게 된다. 후배 세대의 현상을 이해할 때, '우리 때는 안 그랬는데, 나는 안 그랬는데…'라고 고정해놓고 생각하면 우리 세대 이외에 모든 세대는 다 개념 없는 세대가 된다. 후배가 선배 세대의 현상을 이해할 때, '나이 든 사람들은 다 꼰대야. 배울 게 없어.'라고 생각하는 것과 같다. 사람은 누구나 나이를 먹는다는 사실을, 경험에 삶의 지혜가 있다는 것을 잃어버리는 것과 같아진다.

어느 쪽도 좋은 것만 있는 것이 아님을 이해해야 한다. 그것이 서로에 대한 차이와 갈등을 줄이게 만들 것이다. 결국 리더에게 필요한 능력은 세대 간의 격차를 좁히는 데 있는 것이 아니다. 그건 애초에 불가능한 일에 가깝다. 리더의 능력은 X세대든, MZ세대든 있는 그대로 받아들이는 것부터 시작된다. 바꾸려고 하면 충돌이 생기지만, 이해하면 그들을 움직일 수 있는 동력이 생긴다. 적어도 MZ세대와의 소통은 인간적 친밀도에 포인트를 두기보다는, 일에 대한 친밀도를 높이는 방향으로 끌고 가는 것이 더 효과적이다. 요즘 세대가 인정하는 리더십에서 가장 중요한 것이 업무능력인 이유다.

다시 말하지만 팀장에게 필요한 능력은 세대의 문제점을 찾는 것이 아니다. 잘못이 있다면 그것이 왜 잘못됐고, 그것이 왜 필요한지에 대해 설명할 수 있어야 한다. 왜 잘못됐는지, 무엇이 잘못됐는지 설명할 수 없다면 그건 리더의 강압으로 밖에 느껴지지 않는다. "이 정도는 하는 게 당연한 거지, 우리 때는 안 그랬는데, 나는 뭐 하고 싶어서 하는지 아나?, 그렇게 할 거면 네 사업을 하지 회사는 왜 다녀?" 이런 말로 리더의 바닥을 드러낼 필요는 없다. 필요 없는 가장 큰 이유는 먹히지 않는다는 거다.

나아가서 이런 억지 리더십이 가진 장점은 한 가지도 없다. 변수는 있겠지만 줄 걸 다 주지 않고 해야 한다고 바라는 것들과, 이미 할 일을 했는데 더 하지 않은 것이 문제라고 생각하는 것의 대부분은 리더의 억지다. 문제는 이것이 상대에게 억지력을 가지지 못한다는 데 있다. 이런 문제가 반복되면 요즘 팀원들은 조직을 떠나거나 남은 상태로 태업을 하거나 테러리스트가 돼버린다.

사실 팀장 정도 레벨에서 MZ세대를 '요즘 것들'로 치부하는 것은 매우 부적절하다. MZ세대 이후의 신세대를 지칭한다 해도 그건 세대의 구분이 아니라, 시장의 변화로 받아들여야 한다. 얼마 전 네이버가 81년생 CEO를 발탁하면서 이슈가 된 바 있다. MZ세대 발 성과주의, 나이와 승진 연한과 관계없는 과감한 인재 발탁이 삼성, LG, SK그룹 등 재계 전반의 인사 코드에 반영되고 있다. 결국 팀이 성장하기 위해서는 MZ세대와 X세대의 공존을 품고, MZ 세대 발 성과주의를 품어야 할 것이다. 이제는 MZ세대가 주류다.

데스크 어드바이스!

나쁜 리더는 개념 없는 직원을 만들고, 나쁜 직원은 개념 없는 리더를 만든다. 이 둘은 언제나 가깝게 연결되어 있다.

3. 팀장답게 행동할 것

팀장의 사전적 의미는 '한 팀의 책임자'라는 말이다. 여기서 말하는 책임자는 '어떤 일에 대하여 책임을 지고 있거나 책임을 져야 할 위치에 있는 사람'이라는 뜻이다. 팀장의 의미를 모르는 사람은 아무도 없지만, 팀장이 되면 신기하리만큼 팀장의 의미를 모르는 사람들이 생겨난다. 단언컨대 팀장의 의미를 포기하는 건 효과적인 방법이 아니다. 팀장이 리더로서의 책임을 내팽개칠 때 팀원들도 팀장에 대한 순응을 걷어 차 버린다고 생각하면 정답이다. 리더의 책임은 회피한다고 해서 피해지는 것이 아니다. 팀원이었을 때 '뭐, 저런 개념 없는 팀장이 다 있지?'라고 생각한 경험이 한두 번쯤 있었다면 그것을 답습하지 않기로 하자. 어리석은 일이다. 팀장이 무책임하면 팀원들에게 어떤 마법과 기술을 걸어도 백약이 무효다.

 4~5세 아이들이 숨바꼭질 놀이를 하는 모습을 지켜보면 재미있는 모습을 보게 된다. 술래가 "꼭꼭 숨어라. 머리카락 보인다. 다 숨었니?"를 외치면 술래에게 빤히 보이는 장소에 머리를 처박고는 "다 숨었다!"를 당당하게 외친다. 벽의 구석에 붙어서 다 숨었다고 생각하기도 하고, 심지어는 자신의 눈을 손바닥으로 가리는 것으로 완벽하게 숨었다고 생각을 한다. 4~5세의 아이들이 노는 모습은 보는 재미가 꽤 있다. 이 광경이 재미있는 것은 천진난만한 어린아이들의 놀이이기 때

문이다. 이것을 회사라는 곳에서 팀장이 하고 있다면 팀원들에게는 미치고 환장할 노릇이다. 회사라는 공간에서 이런 일이 일어난다면 팀원들은 각자도생, 플랜B를 생각하게 된다. 일은 하지만 머릿속에는 항상 딴 생각으로 가득 차는 것이다.

S 기업의 신 팀장은 팀원들을 움직이는 데 탁월한 능력을 가지고 있었다. 다른 팀에서 팀장의 지시에도 팀원들의 반발을 경험하거나 우왕좌왕하는 것과는 확연하게 달랐다. 신 팀장이 지시하면 팀은 일사불란하게 움직였고, 정한 시간까지 반드시 결과물을 만들어냈다. 신 팀장의 팀은 열심히 일했지만 가장 열심히 놀았고 가장 성과도 좋았다. 신 팀장이 업무를 지시할 때마다 강조하는 말 세 가지가 있었다.

> 첫째, 하려는 일에 대해 자세하게 설명했고 일의 목표를 분명히 했다.
> 둘째, 결과가 만들 성과를 설명하고 '공'은 모두 팀원들에게 돌리겠다고 호언했다.
> 셋째, 일의 과정과 결과에 문제가 생기면 책임은 팀장이 질 테니 걱정하지 말라고 안심시켰다.

신 팀장은 중요한 프로젝트를 진행할 때마다 이 세 가지를 약속했고, 이것을 반복해서 주입시켰다. 그리고 신 팀장은 실제로도 이 약속을 지켰다. 공은 팀원들에게 돌리고, 책임은 자신이 분명하게 졌다. 그럼에도 불구하고 팀의 성과에 대해 결과적으로 가장 큰 수혜자는 신 팀장이었다. 조직의 평가가 좋았고 팀원들의 승진도 빨랐다. 이것이 조직의 기초적인 메커니즘이다. 책임을 지겠다고 해도 책임을 져야 하고, 책임을 회피해도 책임을 져야 한다면 어떤 것을 선택해야 하는지는 팀장의 몫이다. 신 팀장은 그것을 알았던 것이다.

팀원들이 움직이는 조직과 움직이지 않는 조직의 성과가 다른 것은 당연한 일일 것이다. 만약 속한 조직에 책임 회피하는 리더가 많다면 행운일 수도 있다. 리더의 당연한 책무인 책임감만으로도 충분한 경쟁력을 가지게 될 것이기 때문이다. 구성원이 따르는 리더와 구성원이 따르지 않는 리더의 미래가 같을 것인지 다를 것인지 고민해볼 부분이다. 무책임한 사람이 많은 조직에서는 책임을 지는 것만으로 기회가 되기도 한다. 단, 오너가 무책임하면 그건 대책이 없다. 그런 조직이라면 스스로를 위해 빠른 손절도 필요하다.

경영자가 이상한 회사여서, 회사의 문화가 후진 조직이어서 팀장이 할 수 있는 것이 아무것도 없는 경우가 있다. 그런 이유로 '나의 책임회피가 당연하다.'라는 생각을 한다면 그것또한 비겁한 생각이다. 회사를 나갈 것이 아니라면 팀장은 내가 할 수 있는 역할을 해야 한다. 그것이 리더로서 쪽팔리지 않는 유일한 길이다. 회사를 바꿀 수 없다면, 팀을 바꾸는 방법으로 승부를 거는 것이 현명한 방법일 것이다. 그 이상의 것은 상사의 몫이니 당신의 상사에게 상사의 상사에게 맡겨라.

팀장은 한 팀의 경영자다. 적어도 자신의 팀에서 벌어지는 일에 대해서는 경영적 판단을 하고 책임을 져야 한다. 어떻게 하면 팀을 잘 운영할 수 있는지에 초점을 맞춰야 한다. 팀원들을 따르게 하려면 첫째도 책임, 둘째도 책임, 셋째도 책임을 지는 것이다. 밑줄을 백만 번쯤 그어야 할 정도로 리더에게는 책임의식이 중요한 단어다. 리더가 책임을 지면 구성원은 반드시 따른다. 이것이 회사라는 조직의 관성이다. 부디 팀에 문제가 생겼을 때, 안면몰수하고 정신적 피난을 떠나 몰수패 당하지 말고 팀원들과 생사고락을 같이하는 책임 있는 리더가 되기를 바란다.

데스크 어드바이스!

리더에게 필요한 것은 미움받을 용기가 아니라 책임질 용기다.

리더는 팀원들에게 쪽팔리는 순간 리더로서의 권위를 모두 잃는다!

4.

칭찬해야 할 때
칭찬하고
지적이 필요할 때는
지적을 할 것

필요에 맞춰서 해야 할 무언가를 하는 것을 두고 타이밍이라고 한다. '인생은 타이밍'이라는 말을 공감해본 경험이 있을 것이다. 사소하게 영향을 끼치는 타이밍부터, 인생을 좌우할 어떤 중대 사건의 타이밍까지 그 스펙트럼은 방대하다. 타이밍은 관계나 직장, 사업, 부동산, 주식, 비트코인 투자 등 모든 상황에 적용된다. 같은 말도 언제 어떻게 사용하는지에 따라 과정도 결과도 관계도 달라진다. 작은 차이가 큰 차이로 연결되는 것이다.

좋은 의도로 표현했는데 상대에게 반대로 비친다거나, 명확한 의도를 가지고 표현했는데 상대가 느끼지 못한다면 표현법과 함께 타이밍의 적절성을 생각해볼 필요가 있다. 인생에서 겪는 많은 일은 환경이나 시기가 맞아떨어져야 빛을 발한다. 누군가 잘못했다고 해도 유통기한이 지난 후에 지적하면 그 사람은 잘못을 인정하지 않게 된다. 칭찬할 일에도 지적이 필요한 일에도 암묵적인 유효기간이라는 것이 존재한다. 시간을 특정하기는 어렵지만 너무 늦지 않아야 한다. 사람은 기본적으로 말이나 행동에 영향을 받지만, 타이밍의 영향을 더 크게 받기 때문이다.

타이밍이 가진 유익은 두 가지로 구분할 수 있다. 하나는 운이고, 다른 하나는 통제가 가능한 선택적 유익이다. 전자는 관리가 불가능하지만 후자는 가능하다. 인생에서 성공하는 길에 운이 크게 작용한다는 것을 부인할 사람은 별로 없다. 그러나 운의 영역에서 사람이 할 수 있는 일은 노력하고 잘되기를 바라는 마음까지다. 반면 선택적 유익은 결정만으로 통제가 가능하다. 타이밍은 관계성을 가지고 있어서 직급이 높은 사람에게도 낮은 사람에게도 영향을 끼친다.

특히 부하직원과의 관계에서 좋은 타이밍을 선택하면 리더십의 가성비를 높일 수 있다. 반대의 타이밍을 선택하면 관계의 질도 떨어진다. 어떤 결과로 이어지든 운에 비해 변수가 적다. 회사에서 벌어지는 거의 모든 일은 타이밍의 작용 반작용에 의해서 이루어진다. 타이밍이 좋은 사람은 인품이 좋은 경쟁자도 성과가 좋은 경쟁자도 이길 수 있다.

대화를 예로 들어보자. 열심히 말을 하는데도 상대가 내 말을 듣지 못하는 경우가 있다. 이는 대부분 상대가 들을 수 없는 상태일 때 말을 하기 때문이다. 아무리 진정성 있는 말을 해도 상대가 듣지 못하는 상황이라면 의사를 전달한 것이 아니라 혼잣말일 뿐이다. 사람은 어떨 때 이런 상태가 될까? 과하게 즐거운 일이 있을 때, 그리고 힘든 일이 생겼을 때다. 사람은 이 두 가지 상황에 처하면 감정이 흥분상태에 이른다.

'기분 좋은' 상태를 넘어 기쁨에 '흠뻑 빠진' 상태에서는 차분히 상대의 말에 귀 기울이며 이성적인 판단을 내리기가 어렵다. 관계에 따라 이 경우는 자칫 악용될 수도 있는데, 상대가 기분 좋은 틈을 이용해 무리한 부탁을 받아들이게 하는 것이 대표적이다. 이런 기분을 잘 이용하는 방법도 있는데 상사의 기분 좋은 상태를 틈타 어려운 보고를 쉽게 관철시키거나, 마땅히 질책 받아야 할 잘못이 있는데 이 분위기에 편승해 수월하게 넘어가는 것과 같은 행동이다. 과하지만 않다면 타이밍을 잘 맞추는 것은 얼마든지 관계에 윤활유가 될 수 있다.

상사가 직원에게 정확한 사인을 주는 것은 언제나 효과적인 일이다. 칭찬을 잘 사용하는 리더는 '동기 유발자'가 되고, 지적을 잘 사용하는 리더는 '효과적인 조언자'가 된다. 반대로 때에 맞지 않은 리더의 칭찬은 '뜬금없음'을 유발하고, 타이밍을 잃어버린 지적은 지적의 정체성을 잃어버린다. 잘못을 지적하는데 지적은 먹히지 않고 리더 스스로 분노유발자가 되어 부정적인 의미의 '꼰대'로 전락해버린다. 반면 적당한 타이밍에 하는 칭찬이나 지적은 말 한 마디로 충분하다. 무엇보다 오해의 소지가 없다. 그에 반해 타이밍이 맞지 않으면 오해가 생길 수 있고, 말을 많이 하게 되고 구구절절한 설명이 필요할 수도 있다. 칭찬하는 사람이 미안함을 표현해야 하거나 잘못을 지적하는 사람이 아쉬운 소리를 해야 될 수도 있다. 이것을 일컬어 심리학에서는 '타이밍 효과'라고 한다.

타이밍의 사전적 해석은 '동작의 효과가 가장 크게 나타나는 순간' 또는 '그 순간을 위하여 동작의 속도를 맞추는 것'이다. 타이밍은 시간을 뜻하지만, 그 언어적 의미 이상으로 큰 효과를 가진 마법의 단어다. 칭찬은 유효한 타이밍에, 지적은 먹히는 타이밍에 해야 한다. 타이밍을 잘 사용하면 리더에게 매우 유용한 무기가 된다.

언젠가 역도 영웅 장미란 선수와 아시아 수영에 한 획을 그은 박태환 선수가 예능 프로에 함께 출연했다. "장미란에게 유일하게 말을 놓는 후배가 박태환이라고 들었다."라고 말하는 MC의 질문에 장미란의 대답은 "나는 원래 후배들이 말 놓는 것을 싫어해요. 처음에는 박태환도 나에게 존댓말을 했는데 언젠가부터 슬금슬금 반말을 하더라구요. 근데 지적할 타이밍을 놓쳐버렸지 뭐예요."라고 말해 웃음을 자아냈다. 타이밍을 놓쳐서 더 좋은 관계가 되는 일도 있기는 하다.

데스크 어드바이스!

우리가 첫사랑에 실패하는 가장 큰 이유는 그 순간 고백하지 않았기 때문이다.

5.

팀원 간에 편을 가르지 말 것

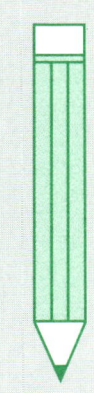

회사라는 장소가 공적인 공간이기는 하지만, 이곳도 사람 사는 공간인지라 사적 관계가 이어지고 만들어지기도 한다. 분명 같은 행동을 해도 미운 사람이 있고 예쁜 사람이 있다. 그러나 미워하는 마음은 밖으로 끄집어내지 않는 것이 좋다. 말이나 행동으로 표현되는 순간 주워 담을 수 없다. 직접적으로 표현하면 상대가 느끼고, 다른 사람에게 에둘러 표현하면 어떤 식으로든 상대에게 전달되게 마련이다.

누군가에게 차별을 느끼게 만드는 리더의 표현이 가진 장점은 없다. 어떻게 해도 리더의 눈에 들 수 없다는 것을 팀원이 느끼고 리더를 향해 관계의 날을 세우도록 만들 뿐이다. 표현도 마음에만 담고 있어야 하는 것과, 밖으로 끄집어내야 좋은 표현이 따로 있다. 이것을 구분하지 않으면 팀은 내 편과 남의 편, 이기는 편 우리 편으로 갈리게 된다. 결국 관계가 삼분법으로 갈리는 것이다.

박 회장은 S 그룹에 사원으로 입사해서 전문경영인으로 회장 직책까지 지내고 퇴직을 했다. 우리가 익히 아는 것처럼 대기업에 공채로 입사해서 회장까지 지낸다는 것은 희박하고 어려운 일이다. 박 회장은 평소 자신이 아끼는 사람들을 매우 잘 챙기는 인물이었지만, 박 회장의 행동에 위화감을 느낀다거나 차별을 느끼는 직원은 아무도 없었다. 박 회장의 리더십은 직원 모두를 아낀다고 생각하기에 부족함이 없었고 균형을 지켰기 때문이다.

하지만 박 회장은 자기 사람을 분명하게 챙기던 사람이었다. 그가 사람을 챙기는 방식은 다른 사람들에게 표를 내지 않으면서도 아끼는 직원들이 인정받고 있다는 것을 분명하게 느낄 수 있게 표현했다. 박 회장은 자신이 아끼는 직원들에게는 때에 따라 크고 작은 선물을 했다. 하지만 회사 내부에는 이들이 회장으로부터 선물 받는 사람이라는 것을 아는 사람은 아무도 없었다. 대부분의 높은 사람들은 이런 일에 법인카드를 사용하지만, 박 회장은 굳이 개인 사비로 선물을 사고, 비서를 통해 다른 사람들의 눈에 띄지 않게 선물을 했다.

이 일에 법인카드를 사용하지 않은 것은 이유가 있다. 법인카드를 사용하면 회계부서의 직원들이 알게 될 것이고, 그러면 불필요한 소문이 생길 수 있고, 자신이 챙긴 직원들이 오히려 미움을 받거나 질투를 당할 수 있다는 것을 고려한 것이다. 공채로 입사해서 전문경영인 회장까지 승진하는 행운이 그냥 생긴 것은 아닐 것이다.

제아무리 실력이 출중한 리더여도 팀원을 적으로 만들거나, 팀원과 팀원 사이를 갈라놓으면 회사생활의 적신호가 켜진다. 좋은 방향으로 나아가는 우호적인 관계보다 척을 지는 인맥이 많아진다. 차별과 편을 가르는 말은 칭찬하고 두둔하는 사람에 대한 긍정적 효과보다, 자신에게 적대적인 사람에게 주는 부정적 효과가 더 크다. 어떤 사람도 자신이 차별받는다고 느끼면 유쾌할 수 없다.

팀장이 되면 팀을 이끄는 세 가지 방법이 있다. 첫 번째 방법은 팀원들을 한 팀으로 단합시켜서 끌고 가는 방법이고, 두 번째는 모두 경쟁자를 만들어 각자도생하는 방법이고, 세 번째는 마음에 맞는 일부를 깐부로 만들고, 마음에 내키지 않은 사람은 패대기치고 가는 방법이다. 철저하게 개인의 성과로 밥벌이를 하는 영업조직은 두 번째 방법을 가장 많이 사용한다.

가장 일반적이고 장점이 많은 리더십은 응당 첫 번째다. 한 팀으로 단합을 잘 시킬수록 좋은 성과를 내는 것은 당연한 일이다. 좋은 성과는 결국 좋은 팀워크를 기반으로 하기 때문이다. 세 번째 리더십을 사용하는 사람이 있는데, 아쉽게도 이 방법이 가진 장점은 없다. 이 방법은 일부를 버리는 대신 소수의 사람을 철저하게 자기 편으로 만드는 것처럼 보인다. 하지만 이 방법의 실제는 한 명의 자기 편도 만들 수 없다. 자기 편이라 생각하는 사람들조차도 팀장에 대한 경계심을 늦추지 않기 때문이다. 이런 상황이면 아낌을 받는 사람이라 할지라도 알게 모르게 만일의 사태에 대비한다. 물론 부정적인 의미다.

조 팀장은 팀원들과 충돌이 잦았다. 자신의 스타일이 분명했지만, 스타일의 확고함에 비해 책임감이 없었다. 자신의 강압으로 바꾼 의사결정에도 문제가 생기면 팀원에게 책임을 물었다. 일 욕심은 있지만 일의 진행에 대한 계획성은 없었다. 하루도 거르지 않고 매일 야근하는 열정을 가졌지만, 업무시간에는 일하지 않았다. 팽팽 놀다가 퇴근시간이 되면 팀원들을 불러서 일을 시키기 시작했다. 자신에 대한 인정욕구는 강했지만, 부하직원들에 대한 인정 의지는 없었다. 계속되는 책임회피와 경영자에게 거짓 보고를 하게 하는 부당한 지시에 팀원들이 반기를 들었다. 일명 팀원들의 난이 시작된 것이다.

조 팀장은 '아랫것들과 높은 사람이 싸우면 아랫것들은 높은 사람을 절대 이길 수 없다.'라는 지론을 가지고 있었다. 직원들의 반발이 있을 때마다 힘으로 눌렀고, 반발이 커질수록 더 큰 모멸감으로 반발을 눌러댔다. 일정한 시간이 지나고 팀의 혼란은 정리가 됐다. 팀장과 학연과 지연으로 연결되어 있던 팀원은 팀장의 공격수가 되었고, 팀원 중 일부는 부당함과 싸웠고, 다수는 침묵으로 일관하는 방관자가 되었다. 드라마에서나 보던 한 팀 세 가족이 된 것이다.

팀장은 2명의 인원을 본보기로 삼겠다며 따돌림을 시작했고 나머지 인원들은 어쩔 수 없이 이중인격자가 되었다. 편을 가르는 팀장과 팀장의 공격수, 방관자인 팀원들의 합작품은 결국 본보기였던 2명을 사라지게 했다. 본보기가 사라진 자리에는 또 다른 본보기가 생겼다. 팀의 결말은 어떻게 됐을까? 이 팀은 이 조직에 없었던 최초의 결과들을 만들어냈다. 물론 좋지 않은 방향이었다. 본보기가 됐던 팀원들은 있는 힘을 다해 조 팀장을 다른 사람들에게 씹어댔고, 조 팀장은 사력을 다해 막아댔다. 이런 상황이 되면 상급자는 쪽팔린 사람이 되고 구성원들은 비참해진다. 승자 없는 비루한 싸움이기 때문이다.

팀을 편 가르는 것은 리더가 할 수 있는 행동 중 가장 추한 행동이다. 팀원들은 팀장이 차별한다고 느끼는 순간 리더에 대한 신뢰를 삭제해버린다. 겉으로 어떤 모습을 보이든 마음에서는 믿음을 철수하고 존중을 포기해버리는 것이다. 이건 매우 중요한 이야기다. 팀장을 리더로 만들 수도 있고, 그저 그런 상사를 만들 수도 있고, 개념 없는 상사로 전락시킬 수도 있는 문제기 때문이다.

어떤 이유에서든 팀장은 팀을 가르지 말아야 한다. 팀을 모래알로 만들기는 쉽지만 한 번 망가진 팀워크는 고칠 수 없다. 팀장이 가진 실력이 좋든 나쁘든 팀장의 이런 이력은 결국 직장생활 내내 꼬리표를 달고 다니게 된다. 세상에는 비밀이 없다. 꼭 좋은 리더가 될 필요는 없지만, 괴물 팀장이 되는 것은 스스로 삼가야 한다. 나빠도 너무 나쁜 사람은 자신이 괴롭힌 사람에 의해서 반드시 저격을 당하게 된다. 이것이 회사에서 얽히고설킨 관계의 종말이다.

리더는 팀원들의 단합을 위해 노력하고 설득해야 하는 사람이다. 힘으로 상대를 굴복시키는 게 아니라, 무수한 논리와 증거로 따르게 할 마음을 만들어야 한다. 상급자라 할지라도 수많은 논리와, 논리를 증명할 수많은 증거 앞에서는 수긍해야 한다. 그렇지 않으면 앞에서 고개를 숙이고 뒤에서 비아냥거리는 직원들과 한 공간에서 계속 전쟁을 치러야 한다. 회사라는 공간을 지옥으로 만드는 것도 행복하고 소중한 밥벌이의 공간으로 만드는 것도 리더의 역할이다.

데스크 어드바이스!

팀원과 팀원 사이에 편을 가르는 것은 황금 거위의 배를 가르는 것과 같은 일이다.

6.

'9 to 6'의 능력을 키울 것

스킨스쿠버를 하는 사람들이 바다에 들어갈 때는 슈트를 입고 허리에 납 벨트를 찬다. 납 벨트 한 개의 무게는 2kg쯤 되는데, 다이빙 실력에 따라 세 개를 차기도 하고, 네 개, 다섯 개를 차기도 한다. 납 벨트를 하는 이유는 슈트와 BCD부력 조절 조끼의 부력을 이겨내고 바다에 입수하기 위해서다. 바다에 들어갈 때는 공기통을 메고 들어가는데, 보통은 150~200Bar 정도의 공기를 충전한다. 스쿠버는 실력자와 초보자를 2인 1조로 짝지어 움직이는 경우가 일반적이다. 30m 깊이의 바다에 들어가면 경력이 오래된 사람은 1시간 이상 공기를 사용할 수 있지만, 초보는 같은 양의 공기로 30분도 겨우 버틴다. 초보일수록 호흡이 가쁘고 숨 쉴 때 공기를 많이 사용하기 때문이다.

　이때 짝으로 들어간 사람이 초보를 얼마나 편안하게 해주는지에 따라 초보도 공기 사용 시간이 달라진다. 또 공기가 떨어지기 전에 수면으로 올라와야 하는데, 위험에 빠지지 않기 위해서는 중간 중간 공기 게이지를 꼭 확인해야 한다. 하지만 초보들은 바다 속 이것저것 구경하느라 게이지 확인을 잊어버리는 경우가 많다. 이때 초보가 위험에 빠지는 것을 방지하기 위해 경력자가 초보의 게이지를 중간 중간 확인해준다. 그건 초보의 안전을 위한 것이기도 하지만 같이 들어간 자신의 안전과도 연관이 된다.

　다이빙이 끝나면 수면으로 올라가야 하는데, 이때도 위험을 방지하기 위해서 다이빙 시간에 비례하여 감압을 해주어야 한다. 감압을 하지 않으면 다이빙할 때 혈액 속에 녹아 있는 질소가 압력 변화에 의해 과다하게 용해되어 나오면서 혈관을 막아버린다. 근육통과 코피를 동반하는 경우가 일반적인데, 기절을 일으켜 위험에 처하기도 한다.

　그래서 잠수를 마치고 수면으로 올라올 때는 감압을 하면서 올라와야 한다. 공기통의 공기 사용량은 이 시간까지 계산되어야 한다. 공기통에 충전하는 압력에 따라 사용 시간이 정해져 있는 이유다. 이 시간은 사람의 목숨과 직결되어 있기 때문에 관리하지 않으면 초보도 경력자도 위험에 빠지게 된다. 결국 이 시간을 잘 지키고 잘 사용하게 만드는 만큼 위험 부담 없이 바다를 즐기게 만드는 것이다.

　회사에서도 일을 할 때 사람마다 가진 능력이 다르고, 일하는 데 사용하는 시간이 다르다. 팀원들이 효과적으로 일하고 시간을 효과적으로 사용할 수 있도록 팀장은 관리해야 한다. 일하기 위해 정해놓은 일정한 시간이 있고, 이것은 지키면 좋은 것이 아니라 지키는 것이 기본이다. 팀장과 직원이 이 기본을 지키면 업무시간으로 인한 마찰은 있을 일이 없다. 하지만 이 규칙을 가볍게 취급하면 팀장과 팀원은 서로 불만으로 물고 물리는 관계가 된다. 팀장은 야근하지 않는 직원들이 불편하고, 팀원들은 업무시간이 정해져 있는데 야근하지 않는다는 이유로 눈치를 받아 불편하다. 불편은 곧 불만으로, 불만은 불신으로, 불신은 태업으로 진화하게 된다.

예를 든 스쿠버다이빙의 경우, 짝으로 함께 움직이는 리더가 시간 관리를 잘해주면 초보는 여유 있게 바다를 즐길 수 있다. 파노라마처럼 눈앞에 펼쳐지는 멋진 바다를 볼 수 있고, 바다를 즐기기에 시간이 부족하지 않다. 반대로 시간 개념이 없는 리더를 만나면, 초보도 같이 바빠진다. 마음도 바쁘고 행동도 바쁘다. 입수 전에는 어떤 것을 준비해야 할지 몰라서 바쁘고, 준비하느라 시간을 많이 보내서 입수가 급해지고, 급하게 들어가면서 호흡이 가빠져 공기를 많이 사용하게 되고, 긴장해서 바다를 제대로 즐기지도 못한다.

시작부터 과정까지 긴장하고 남들보다 공기를 많이 쓴 이유로 빨리 올라와야 하고, 위험을 방지하기 위해 감압을 해야 하는데 공기가 부족해서 감압도 대충 하고 부랴부랴 올라오게 된다. 이때 초보의 기분은 전투력을 상실한다. 이런 일을 여러 번 겪는 초보들은 다이빙에 흥미 자체를 잃어버린다. 후자의 리더도 초보에 대한 불만은 있다. '꼭 이런 것까지 말해줘야 아나, 말했으면 빨리빨리 움직여야지 도대체 뭐 하는 거야. 아니, 자기 목숨이 달렸는데 공기통 게이지도 안 보고 뭐 하는 거야. 공기가 다 떨어졌으면 말을 해야지.' 같은 것이다. 그러나 초보가 어떻게 해야 할지 모르거나 도움을 필요로 하는 것은 당연한 일이다. 여기서 초보의 위험은 초보만의 위험이 아니다. 어떤 식으로든 리더에게도 공동의 위험을 일으키기 때문에 자신을 위해서라도 초보인 짝을 관리해야 하는 것이다.

팀장에게는 보이는데 팀원에게는 보이지 않는 것들이 있다. 팀장은 이것을 관리해야 하는 사람이다. 회사에서 정한 출퇴근 시간을 불변의 원칙이라는 가정 하에 생각하면, 직원들이 야근하기 싫어하는 것이 불만이 아니라 당연한 반응으로 이해할 수 있게 된다. 요즘 직원들이 야근을 싫어한다고 표현하는 리더들이 많은데, 요즘 직원들이 그런 것이 아니라 원래 사람들은 야근을 싫어한다. 다른 것이 있다면 예전에는 싫어도 표현하지 않았거나 표현할 수 없었고, 요즘은 싫은 걸 싫다고 직설적으로 표현하는 정도다. 가끔 일중독인 사람을 보기는 하지만, 당신도 나처럼 해야 한다는 논리는 어떤 경우에도 설득력을 얻지 못한다. 이건 개념의 문제도 아니고 근성의 문제도 아니다. 리더의 생각을 여기서부터 출발시키면, 조직이

건강해지고 팀원들도 리더를 따르게 된다.

　팀장은 팀원의 시간을 관리해야 한다. 관리의 기본은 정당성에 대한 논리다. 불필요한 업무는 줄이고, 필요한 일은 하게 만들어야 한다. 팀원들은 업무시간에 불필요한 일을 하느라 야근해야 하는 경우라면 어떤 이유로든 거부감을 가지게 된다. "급한 일에는 야근도 불사해야지."라는 말을 사용하기 위해서는, 시간의 효율성을 관리하는 것이 먼저다. 회사에 중요한 일이 생겼는데 팀원들이 따라주지 않는다거나 하는 것은 팀장에게 힘든 문제지만, 야근하지 않아도 되거나 주말에 출근하지 않아도 되는 일을 굳이 그때 하게 만드는 것은 매우 불합리한 일이다.

　"요즘 직원들 야근을 너무 안 한다."는 말을 자주 듣는다. 그런데 신기하게도 '우리 회사는 왜, 야근을 해야만 일이 돌아갈까? 도대체 사람들은 야근을 왜 할까?, 야근하지 않고 일의 효율을 높일 방법은 없을까?, 야근하지 않고도 일의 성과를 끌어올리는 방법은 없을까?'를 고민하는 상사들은 별로 경험해보지 못했다. 꼭 필요한 야근을 하는 것은 당연한 일이지만, 쓸데없이 야근하지 않는 것도 당연한 일이어야 한다. 요즘은 '9 to 5', '10 to 5'의 업무시간을 선택하는 기업들이 늘어나고 있다. 중요한 것은 이런 기업들의 효율이 오히려 높고 좋은 직원들의 입사지원도 많다는 것이다. 몇 해 전부터 '9 to 4' 도입을 통해 6시간 노동제를 실험하고 안착시킨 기업 중에는 B출판이라는 회사가 있다.

출판업계의 특성은 익히 알려진 것처럼 야근이 매우 많다. 하지만 이 기업의 경우 야근이 사라졌고 오히려 매출이 늘었다. 업무의 효율이 좋아졌고 직원들의 만족도도 높았다. 무엇보다 쓸데없는 시간이 줄었다. 간식시간이 줄었고, 흡연시간이 줄었고, 잡담시간이 줄었고, 회의시간이 줄었다. 그 대신 업무의 강도는 높아졌다. 경영자부터 사원까지 6시간 내에 일을 마치고 퇴근하기 위해 집중해서 일하는 문화를 선택한 것이다. 월간지나 단행본의 마감을 앞두고 관행처럼 이어져 온 밤샘 작업도 이 회사에는 없다.

근무시간을 조정하는 건 회사 차원의 문제기도 하고 경영자의 결정이 필요한 일이기에 팀장이 관여할 수 있는 일은 아니다. 하지만 팀장은 공식적인 업무시간을 효과적으로 사용해야 할 책임과 의무가 있는 사람이다. 무엇보다 업무효율을 높이는 것은 팀장의 권한만으로도 얼마든지 할 수 있다. 이건 선택의 문제다. '팀원들이 왜 야근을 안 하지?'라는 고민을 '어떻게 하면 팀원들을 야근하지 않게 할 수 있을까?'의 고민으로 돌리는 것이 팀장의 시간 사용능력을 높이는 방향이 될 것이다.

회사에서 하는 업무는, 정상적인 경우라면 업무시간 내에 처리가 가능해야 한다. 그렇지 않다면 필요한 인원의 설계 자체가 틀린 것이다. 만약 1년 365일 야근을 해야 한다면, 직원들에 야근을 강요할 것이 아니라 인사부서에 인원의 충원을 요청해야 하는 것이다. 이건 직원들의 정신상태나 열정, '라떼'의 문제가 아니다.

하지만 회사라는 곳은 생각보다 불필요한 일로 사용되는 시간이 많다. 담배 피우는 시간, 음료 마시는 시간, 잡담하는 시간이 그렇다고 하는 사람이 많지만, 사실 그런 것보다 더 큰 시간을 버리게 하는 것들은 감정 소모와 관련된 것들이다. 팀장과 팀원, 팀원과 팀원 사이에서 감정 에너지를 소모하게 하는 것들이 그렇다. 이것들이 파생돼서 담배시간을 늘리고, 커피시간도 늘리고, 잡담시간도 늘어나는 것이다. 리더는 자신의 에너지를 특정 인원에게 과도하게 사용하고 있거나, 자신이 팀원들의 에너지를 과도하게 뺏고 있다면 그것을 줄일 방법을 찾아야 한다. 그러면 업무시간 안에 더 많은 일을 할 수 있다.

어떤 대표는 매일 아침 직원들을 불러 모아 회의를 했다. 회의라기보다는 모아놓고, 전날의 업무에 대한 자아 반성과

오늘 어떤 마음으로 업무에 임할지에 대한 격정적인 잔소리 형식으로 채워졌다. 거기에 "이 따위로 할 거면 매일 야근해!" 같은 말을 보탰다. 이 대표의 성격은 괴팍하고 화법이 상대의 자존감을 떨어뜨리기에 부족함이 없었다. 대표가 한 말들은 결과적으로는 열심히 하자는 말이었는데, 직원들은 그 시간을 겪고 나면 팀장들부터 시작해서 마음을 추스르는 데 시간이 필요했다. 그런 이유로 오전의 시간을 멍때리면서 다 보내고 오후가 돼서야 슬렁슬렁 일하기 시작했다. 이 회사는 이런 루틴을 매일 반복했다. 이 회사 직원들에게 일할 시간이 있을까?

데스크 어드바이스!

이래도 야근, 저래도 야근이라면, 직원들은 업무시간에 잘 노는 방법을 선택하게 된다.
어차피 야근할 테니까.

팀장에게 주어진 시간은 '9 to 6'까지가 전부다.
다른 시간은 없다고 생각하는 편이 좋다.

7.

회식은
꼭 필요할 때만
할 것

| 회식할 때 한 번이라도 후배에게 표현한 것이 있다면 체크해보세요. |

☐ 오늘 회식 있으니까 한 사람도 빠짐 없이 참석하세요.
☐ 오늘 집에 일이 있어서 참석이 어렵습니다. 누군 일 없는 사람 있어요?
☐ 회식 장소 좀 알아보세요.
☐ 상사가 좋아하는 장소를 찾으세요.
☐ 여기로 예약할까요? 아니, 거기 말구요.
☐ 메뉴 선정은 상사가 좋아하는 걸로 하세요.
☐ 이 메뉴로 할까요? 아니, 그거 말구요.
☐ 식당에서 세팅해주지 않는 건 아랫사람이 하는 겁니다.
☐ 수저는 상사가 먼저 드는 겁니다.
☐ 상사에게 술을 따를 때는 술의 상표를 가리고 따라야 하는 겁니다.
☐ 첫 잔은 원샷 하는 게 매너입니다.
☐ 상사의 술잔이 비면 바로바로 채워드리는 게 예의입니다.
☐ 술을 못 마시더라도 술잔을 받으면 입술에 댄 다음 잔을 내리는 겁니다.
☐ 오늘 같은 날 화끈하게 '야자타임'하는 겁니다. 하고 싶은 거 다 해보세요.
☐ 그래도 할 말과 아닌 말은 구분하는 거예요.
☐ 회식은 원래 2차까지, 3차까지 하는 겁니다.
☐ 회식 끝날 때가 되면 상사의 대리기사를 불러 놓는 겁니다.
☐ OO 씨는 술을 안 마셨으니까 술 마신 직원들 좀 태워다 주고 들어가세요.
☐ 자, 어제 술을 너무 많이 마셨으니까 해장하게 식당 예약하세요.

MZ세대는 회식을 극혐한다고 알려져 있다. 이들이 회식을 싫어하는 이유로 꼽는 것은 세 가지다.

첫째, 자기 시간을 침범당하기 때문이다. 회식은 업무가 아닌데, 왜 퇴근시간이 지나고 내 시간을 써야 하는지에 대한 불만인 것이다. 전통적인 기업이나 전형적인 유형의 상사는 회식은 여전히 업무의 연장이라고 밀어붙이지만, 이들은 회식자리가 업무의 연장이라면 지급되지 않은 야근수당을 합치면 서울 잠실에 120층짜리 빌딩을 사고도 남았을 것이라고 생각한다.

둘째, 상사의 꽃놀이패가 되는 것을 싫어한다. 수저 세팅 안 했다고 눈치 주고, 물 안 따랐다고 눈치 주고, 상사보다 음식을 먼저 먹었다고 눈치 주고, 상사에게 술 안 따랐다고 눈치 주고, 술을 따를 때 소주병의 상표가 위로 향해야 한다고 뭐라고 하고, 술 안 마신다고 눈치 주는 분위기가 싫은 것이다. 이렇게 격하게 싫은 일을 2차, 3차까지 해야 한다면 그건 고문이다.

셋째, 회식에 주어가 없기 때문이다. 의무방어를 하는 것인지, 수고했다고 밥을 사주는 것인지, 상사가 직원들과 친해지고 싶어서 마련한 자리인지, 동료애를 만들기 위해서인지, 다른 목적이 있는 것인지 알 길이 없다. 뭔가 의도를 가지고 하려면 한 가지만 하면 되는데, 상사의 꽃놀이패도 만들고, 동료애도 만들고, 업무 지적도 하고, 예절도 가르치고, 의도가 뭔지 모를 야자타임을 하기도 한다. 할 거면 목적을 가지고 제대로 하고, 아니면 하지 않는 것이 낫다. 요즘 직원들은 애매한 거 싫어하고 의미 없는 일에 자기 시간 뺏기는 것을 매우 싫어한다. 이걸 MZ세대의 특성이라고 표현하는 사람들이 많지만 그건 진실이 아니다.

나는 이 부분이 MZ세대의 특성이라는 말에 동의하지 않는다. 솔직히 회식을 싫어하는 사람은 20년 전에도, 10년 전에도, 5년 전에도 득실했고, 오늘도 역시 그렇다. 20년이 넘는 시간을 여러 회사에 근무했고 주니어로, 중간관리자로, 임원으로 보낸 시간 속의 경험은 그랬다. 이것을 누군가의 협소한 경험이나 일부 사람들의 불만으로 치부해서는 곤란하다. 앞에서는 하지 못했어도 뒤에서는 공공연하게 터트리던 불만들이다. 회식을 싫어하는 사람이 많다는 걸 모르는 것은 상사, 상사의 상사, 회식을 주도하는 회식 꾼, 회식 자리에 가면 늘 필름이 끊기도록 술을 마셔야 직성이 풀리는 주당, 그들만 모르는 것이다.

상사가 눈치 주고, 동료가 눈치를 주니 표현하지 않았을 뿐임을 알아야 한다. 회식 자리를 빠지기 위해 누군가는 있지도 않은 친구를 죽여야 했고, 없는 친지도 만들어서 죽여야 했다. 이 얼마나 해괴망측한 일인가. 누군가에겐 공짜 밥과 술을 마시는 즐거운 시간이 누군가에겐 먹기 싫은 술을 억지로 마셔야 하고, 누군가에겐 피곤해서 퇴근하고 싶은데 2, 3차까지 거수기를 해야 하는 악몽 같은 시간인 것이다. 회식 자리를 압도하는 건 언제나 리더를 포함한 10~20%의 강성 주당들이었다.

회식은 업무의 연장이다, 술자리를 같이 해야 동료애가 생긴다, 다른 사람 다 취하는데 당신만 멀쩡하면 동료애가 생기지 않는다. 누구는 술을 마시고 싶어서 마시는 줄 아냐 같은 이상한 논리를 주장하지만, 술을 즐기지 않는 사람에게 이런 회식 자리는 불편하고 불쾌한 자리일 뿐이다. 물론 구성원들이 원하지 않는 회식에 대한 이야기다. 아마 리더들도 회식 자리가 이런 자리가 되기를 원치는 않을 것이다.

> 선배 : 팀장님이 오늘 회식이라니까 다들 모여.
> 후배 : 아, 좀 일찍 말해주시지. 저는 오늘 약속이 있는데요.
> 선배 : 야, 어지간하면 참석하지. 분위기 깨지 말고. 너 저번에도 참석 안 했잖아.
> 후배 : 아, 정말 죄송한데 중요한 일이 있어서 그래요.
> 선배 : 야, 그럼 그렇게 얘기하지 말고 삼촌이라도 돌아가셨다고 말해.
> 후배 : 있지도 않은 삼촌을 어떻게 돌아가셨다고 말해요?
> 선배 : 야, 그럼 친척 어른 누구라도 돌아가셨다고 핑계를 대. 분위기 깨지 말고.
> ※ 웃기는 일이지만 예전엔 진짜 이런 일이 있었다.

리더의 입장에서 회식은 양날의 칼이다. 이 시간을 잘 못 사용하면 팀에 우환을 만들게 된다. 반대로 잘 사용하면 팀의 단합을 이룰 수 있고 경제성을 가질 수 있다. 이 시간을 통해 업무시간에 하기 어려운 소통을 할 수 있고, 직원들의 스트레스를 해소하는 시간으로 사용할 수 있고, 사기진작도 할 수 있다. 다만 이 시간을 '잘' 사용해야 한다는 단서를 달아야 한다. 중요한 것은 회식이 불편함을 만드는 자리가 아니라, 모두가 즐거운 자리여야 한다는 것이다. 회식을 할 때는 목적을 분명히 하는 것이 좋다. 업무의 연장으로 사용할 것인지, 팀의 화합을 도모할 것인지, 동료를 축하하고 위로하는 자리로 사용할 것인지, 뭔가는 주제가 분명해야 직원들도 판단할 거리가 생긴다.

회식에서 주의할 것은 세 가지다.

첫째, 시간을 너무 길게 가지지 말아야 한다. 모이기만 하면 2~3차까지 이어지고 언제 끝날지 모르는 회식에 참석하기 싫어지는 것은 당연한 일이다. 회식이 꼭 개인의 시간을 침범해야 하는지도 생각해볼 필요가 있다. 이건 별것 아닌 것 같지만 중요한 문제다.

둘째, 취하도록 술 마시는 분위기를 지양하지 않는 것이어야 한다. 술은 항상 예상치 못한 사건 사고를 만든다. 누군가에겐 끈끈함을 만들어주기도 하지만, 어딘가에선 보이지 않는 문제를 일으킨다. 술의 가장 큰 문제는 통제되지 않는다는 것이다. '한 말 또 하고, 한 말 또 하고'를 반복하는 사람이 생기는 것은 문제도 아니다.

셋째, 상사 놀이에 취하지 않아야 한다. 여기에 취하면 대책이 없다.

이 세 가지가 중요한 것은 다음 회식과 이후 회식까지 영향을 끼친다는 데 있다. 대체로 업무에도 영향을 끼친다. 팀원들이 회식을 싫어하는 것에는 다 이유가 있다. 사람들이 아무리 개인주의로 변한다 해도 회식의 분위기가 편안하고 즐겁다면 참석하지 않을 이유가 없다. 회식시간을 긍정적 시간으로 활용하는 것은 리더가 기획하고 리더가 만들어나가야 하는 부분이다.

MZ세대의 후배들이 하는 말을 들은 적이 있다.
'회식을 싫어하는 것이 아니라, 회식을 몰아가는 방식이 싫은 거다.'

데스크 어드바이스!
직원들이 회식을 싫어하는 건, 회식이 업무의 연장이기 때문이다.
"근데 특근수당은 왜 안 줘요?"

Chapter 4

일잘러 팀장이 되기 위한

to do list

Chapter 4

1.

업무를 정확하게 알고 시킬 것

업무지시에 직원들이 일사분란하게 움직이기를 바란다면, 상사의 지시에 믿음이 있어야 한다. 팀장이 업무 내용도 모르고 업무를 시킨다거나, 이런 일의 반복으로 인해 지시 자체를 신뢰할 수 없다면 팀원들은 대공황 상태에 빠지게 된다. 또한 팀장의 지시를 해석하는 데 시간을 사용해야 하고, 때로는 눈치 있는 직원의 통역을 거쳐야 하기도 한다. 이런 분위기가 되면 팀원들은 업무를 알아서 하는 방향으로 움직인다. 팀장이 팀원에게 권한과 책임을 위임한 것이면 좋겠지만, 그냥 나름대로 알아서 하는 수순을 밟게 되는 것이다. 팀으로서 생명력을 잃어버리는 일이다. 팀장에게는 절대 있어서는 안 되는 일이다.

팀장의 지침을 받아 업무를 검토하고 보고서를 작성해서 경영자에게 보고를 하는데, 요구한 내용과 다르다는 지적을 받는 일이 다반사라면 팀원들은 둘 중 하나의 선택을 하게 된다. 하나는 팀장을 건너뛰고 팀원이 직접 경영자에게 직접 오더를 확인하고 보고하는 방법이다. 팀원의 보고가 정확해지는 대신 팀장은 팀원도 통솔하지 못하고 말귀도 못 알아듣는 사람이 된다. 다른 하나는 팀장의 지시대로 보고서를 작성하지만 절대 자신이 관여하지 않는 방법이다. 물론 기인자가 결재를 직접 들어가는 일도 없어진다.

팀원들은 자신이 작성하고도 그 보고서가 맞는지 틀리는

지 알지 못하면 상황 자체를 회피하게 된다. 그런 이유로 결재를 팀장에게 미뤄버린다. 간혹 이 방법을 선택하는 팀장을 보게 되지만 좋은 방법이 아니다. 팀원들은 대서방글을 대신 써주는 사람으로 전락해버리고 매사를 방관과 책임회피로 일관하게 된다. 애석하게도 이 둘 중 어떤 방법을 사용하더라도 팀장은 바보가 되고, 팀원들은 무능력자의 길을 걷게 된다.

팀이 제 기능을 발휘하고 성과를 내기 위해서는 팀장의 역할이 9할 이상 작용한다. 우선 팀장의 지시가 정확해야 하는데, 그러기 위해서는 팀장이 지시해야 할 업무를 제대로 알아야 한다. 그리고 지시는 정확해야 한다. 팀장의 지시가 어리바리하면 다른 능력은 무용지물이 된다. 적어도 업무에 대해서 팀장은 예리해야 한다. 사람은 좋은데 업무적 실수가 잦다거나 성격도 안 좋은데 업무능력도 떨어진다면, 팀원들의 입장에서는 대략난감이다. 사람의 능력치는 분명 차이가 있으나 배워서 채울 부분은 배워서라도 채워야 하고, 모르는 것은 묻거나 나머지 공부를 해서라도 채워야 한다.

중간관리자 시절 유사한 경험이 있었다. 기존에 보필하던 분이 승진하여 임원이 되면서 새로운 부서장이 발령받아 부임했다. 이때부터 팀의 무능이 시작되었다. 부서장의 지시대로 업무를 하는데 나와 동료들은 경영자에게는 매번 깨지기를 반복했다. 부서장의 말에 귀를 더 기울이고 잘하려고 애를 쓸수록 일을 못하는 직원으로 신분이 세탁되었다. 팀원들은 부서장의 지시를 정확하게 이해하려고 노력했고 재확인하는 과정까지 거쳤다.

지시를 근거로 정확한 정보를 검토하고, 데이터를 대입하고, 안을 만들고, 문제가 있는 경우 대안까지 작성해서 보고했다. 그럼에도 경영자의 쓴소리를 피할 길이 없었다. '대체 뭐가 문제인 거지?'라는 생각이 독버섯처럼 피어났고 불만이 넘쳐났다. 마침 그때 경영자에게 "야, 이 사람아. 내가 'A'를 지시했는데 왜 자꾸 'B'를 해오는 거야? 왜 매번 일처리를 이런 식으로 하나, 김 부장한테 지시 안 받았어? 김 부장 불러!"라는 격한 말을 들었다. 이런 상황이 되면 팀원이 대응할 방법은 그리 많지 않다. 이후 경영자는 업무를 지시할 때 한 부장을 빼고 나를 직접 부르거나 함께 불렀다. "앞으로는 자네가 직접 보고하게!"라는 말과 함께. 부서장에게 매우 불쾌한 일이지만 팀원에게도 그리 유쾌한 상황은 아니다. 이후 경영자에게 결재를 들어가서 보고서로 인해 질책 받는 일은 없어졌다.

반면 새로이 부서장과의 트러블이 생겨났다. "야, 이 사람아 내가 부서장이야. 'B'를 지시했는데 왜 자꾸 'A'를 하는 거야. 경영자가 지시할 때, 당신도 같이 있었는데 말이야. 말귀를 못 알아 들어?" 분명 같이 지시를 받았어도 부서장은 해석을 달리했다. 지시에 대해 부서장이 자의적으로 생각하는 해석이 너무 많았다. 이렇게 되면 팀원은 경영자의 지시를 따를 건지 부서장의 지시를 따를 건지 결정할 수밖에 없다. 업무능력에 대해서는 말과 위력으로 장악할 수 있는 것이 아니다. 잘못된 지시를 했더라도 문제가 생겼을 때는 먼산 쳐다보지 말고 책임을 지든지 지시를 제대로 하든지 둘 중 하나는 해야 한다. 팀을 운영하는 데 있어서 리더의 업무 이해력은 매우 중요하다. 팀의 성과를 좌우하기 때문이다.

"생각하는 사람을 만든 조각가는 누구인지 아나? 정답 '오뎅!'"

이 문제를 훔쳐본 사람이 '오뎅'이라고 답을 써넣었다. 그 옆에서 슬쩍 훔쳐보던 다른 사람은 '아부래기'라고 옮겨 적었다. 그걸 보고 있던 또 다른 사람이 말했다. 지금 시대가 어떤 시대인데, '아부래기가 뭐야. 아부래기가, 우리 말로 어묵이지.'라고 웅얼거리면서 답안지에 '어묵'이라고 적으며 빙그레 웃었다.

아주 오래전 코미디 프로에서 유래하여 구전으로 돌아다니는 조크를 옮긴 것이다. 신기하게도 회사라는 공간에는 이런 팀장이 꼭 있다. 부디 이런 리더가 되지 않기를 진심으로 바란다. 이런 우스운 일이 벌어지는 것은 업무를 파악하지 못한 채, 경영자의 지시를 가공해서 전달하기 때문에 생기는 것이다. 잘하고 싶은 욕심 때문이겠지만, 일단 지시는 가공되지 않은 상태로 경영자부터 팀원까지 전달이 되는 것이 중요하다. 가공은 그다음 순서다.

훼손된 지시를 통해 역순으로 원래의 지시를 찾는 것은 어렵다. 무엇보다 시간을 너무 많이 허비하게 만든다. 경영자가 팀장에게 로뎅을 지시했는데, 팀장이 어묵이라고 지시하면 팀원은 정확한 결과물을 만들 수 없다. 이런 일은 회사의 최고 경영자를 미치게 만들고 팀원도 미치게 만든다. 팀장 정도 되면 자신이 시키는 업무의 목표가 무엇인지, 의도가 무엇인지, 어떤 결과물을 만들어내야 하는지 정도는 파악해야 한다. 적어도 팀원에게 지시해야 할 내용을 정확하게 알고, 알지 못한다면 내용을 정확하게 파악하고 지시를 해야 한다.

데스크 어드바이스!

방향이 틀리면 과정과 결과가 달라지는 것은 당연한 일이다.

2.

업무지시는 분명하게 할 것

업무지시 A

- 당사의 조직문화에 대한 보고서를 제출할 것
    - 대표님 지시사항으로 긴급하게 진행해야 함
    - 당사 조직문화의 현상과 문제점을 파악하고 개선점을 도출할 것
    - 내용도 중요하지만 가급적 빨리 제출할 것

업무지시 B

- 당사의 조직문화에 대한 보고서를 제출할 것

  목적 : 당사의 조직문화를 파악하여 지향점을 찾고자 함
    - 현실을 왜곡하지 않는 것이 중요

  필수사항
    - 당사 조직문화의 현상을 있는 그대로 기술
    - 경쟁사인 A사, B사의 조직문화를 파악하여 기술
    - 당사 조직문화의 문제점과 개선점을 기술

  주의사항
    - 당사와 타사의 현상은 왜곡하지 않는 것이 중요
    - 당사의 자료에 대해서는 무기명 설문조사 자료를 첨부할 것

  보고기한 : 0000년 00월 00일

팀장의 지시는 쉽고, 분명해야 한다!

팀장이 업무를 A 방식과, B 방식으로 지시했다고 가정해보자. 결과물의 차이가 있을까? 질문을 조금 달리해보자. 두 결과물이 같을 수 있을까? A로 지시받고 일한 사람에 비해, B로 지시받고 일한 사람이 더 좋은 결과물을 만들 것을 예상하는 것은 그리 어려운 일이 아니다. 팀장에게 필요한 능력은 대

단한 것들이 아니다. 제대로 지시하고, 지시에 왜곡을 만들지 않고, 지시를 해석하는 시간을 줄여 최대한 오차 없이 일하게 만들어주어야 한다. 팀장의 분명한 지시는 팀의 성과와 그대로 이어진다. 결국 팀장은 자신의 지시와 그 결과를 통해 평가받게 된다. 팀장이 조금 더 친절하고 분명하게 지시를 하면 팀원들은 일에 집중하는 시간을 늘릴 수 있다.

김 대리는 누구나 선망하는 부서에 발령을 받았다. 처음에는 기대가 가득했지만, 그 부서에 있는 시간을 악몽으로 기억했다. 팀에 속해 있는 1년 동안 팀장의 지시를 제대로 알아듣지 못했고, 회의에서 오가는 이야기를 알아들을 수 없었다. 잘 알아들은 것 같은 선배들에게 도움을 구했지만 "대충 듣고 대충 이해해. 나도 무슨 말인지 정확하게는 잘 몰라." 같은 말만 돌려받았다.

팀장은 사투리가 심했다. 흥분하지 않아도 말을 더듬는데 흥분하면 알아듣지 못할 정도였다. 문제는 팀장이 늘 흥분해 있었다는 사실이다. 팀장은 팀장대로 답답해했다. 직원들에게 또박또박 말을 해줘도 잘 알아듣지 못했고, 같은 말을 여러 번 반복해야 했다. 게다가 알아듣지 못했으면 되물어야 하는데 되묻는 직원도 없다. 상사의 지시를 한 귀로 듣고 한 귀로 흘리는 듯한 느낌도 받는데, 상사로서 그럴 때는 기분이 별로다. 같은 이유로 직원들에게 질책을 자주 하게 된다. 팀장의 입장에서도 사람을 혼내는 건 기분 좋은 일이 아니다.

> "이해가 가지 않은 지시는 팀장에게 되물어서 확인하면 되지 않아요?"
> "질문을 하지 않는 것이 아닙니다. 다시 질문을 하면 그렇게 자세하게 알려주었는데 그것도 못 알아 듣냐고 또 질책을 당해요. 30분 이상. 다시 묻지 말라는 의도적 행동인 것 같기도 해요. 내 스스로도 짜증이 납니다. 나한테 문제가 있나 싶기도 하고."

김 대리에게 던졌던 질문과 답변이다.

지시를 제대로 전달하는 것이 팀장의 몫이듯, 지시를 정확하게 알아듣는 것은 팀원의 몫이다. 하지만 커뮤니케이션에 오류가 생기지 않도록 챙기고 확인하는 것은 팀장의 몫이어야 한다. 지시를 정확하게 전달했을 때 가장 큰 수혜자는 팀장이다. 지시를 분명하게 전달하는 능력도 팀장의 중요한 능력 중 하나다. 만약 자신의 의사소통 스타일에 문제가 있다면, 이메일이나 다른 효과적인 도구를 찾아서라도 대안을 내놓아야 한다. 팀원들이 방법을 찾기를 원하는 것보다는 이 방법이 더 빠르고 효과적이다.

팀원은 팀장이 말하는 그대로 입력한다!

"개떡같이 말해도 찰떡같이 알아들어야지."라는 말이 있는데, 이 말을 팀장이 사용하면 매우 무책임한 말이 된다. "나는 문제를 틀리게 내도, 너는 정확한 정답을 적어내야 해."와 같은 의미다. 개떡같이 말하면 개떡같이 알아듣고 찰떡같이 말하면 찰떡같이 알아들어야 개떡이든 찰떡이든 만들 수 있는 거다. 예전의 직장생활에서 꽤 많이 사용했던 말인데, 상사 자신이 제대로 전달하지 못한 지시에 대한 변명이었고 책임을 전가하는 대표적인 말이었다.

회사는 비즈니스 공간이다. 제대로 지시하고, 제대로 일하게 만들어야 한다. 팀장은 팀장의 일을 하고, 팀원은 팀원의 일을 하면 된다. 서로 할 일을 제대로 할 때 성과는 극대화된다. 회사는 육하원칙으로 의사전달을 해도 왜곡이 많은 공간이다. 관계가 수평적이지 않고 수직적인 이유다. 수평적인 조직이 늘어나고 있지만, 수평적이라 해도 그 안에서 생기는 또 다른 기형적 수직에 의해 의사소통이 가로막힌다. 원래 그런 공간인데 팀장의 지시가 횡설수설이면 팀원의 일처리도 중구난방이 된다. 성장이 빠르고 조직문화가 젊은 조직일수록 이 수직을 없애는 데 사활을 건다. 제대로 된 소통이 회사의 생존과 성장에 큰 영향을 주기 때문이다.

박 상무는 회사에서 실력을 인정받았지만 큰 약점이 있었다. 자신의 불명확한 발음이 의사소통에 있다고 생각했다. 그럼에도 박 상무는 구성원들과의 소통에 전혀 문제가 없었다. 오히려 직원들은 박 상무의 말을 더 경청하려고 노력했다. 박 상무는 자신이 먼저 자신의 약점을 알렸고, 잘 들어주기를 부탁했고, 소통을 잘하려고 구성원의 입장을 고려했다. 박 상무의 지시는 항상 단호하고 정확했다. 팀원들에게 재확인 할 필요가 있는 것들은 이메일과 메모를 통해 소통했다.

피드백도 같은 프로세스를 거쳤다. 직급도 높은 사람이라다 귀찮을 법도 한데, 소통을 위한 그런 작업들은 절대 생략하지 않았다. 박 상무의 그런 친절한 소통법은 '어떻게 하면 구성원들을 일에만 집중하게 만들까?'를 고민한 결과였다. 팀장 시절 직원들의 불만을 접하면서 자신의 발음이나 말투에 부족함이 있음을 인정했다. 상대가 알아듣지 못할 수 있다고 쿨하게 인정해버린 것이다. 자신이 조금만 부지런하면 구성원들이 편하게 일할 수 있다는 생각을 행동으로 옮겼고, 그것은 직원들의 마음을 움직이기에 충분했고, 성과로 이어졌다.

팀장의 지시는 심플하고 알아듣기 쉬워야 한다!

Goal, 목표가 무엇인지
왜 이 업무를 해야 하는지
Profit, 어떤 이익을 추구하는지
이 업무를 통해 얻고자 하는 바가 무엇인지
Deadline, 언제까지 마쳐야 하는지
팀장의 검토시간까지 계산해서

지시의 궁극적 목적은 결과를 만드는 일이다. "이것을 해라!"라고 말한 것을 지시라고 생각한다면 아마추어적인 생각이다. 업무의 지시는 담당자가 그 업무를 마무리할 수 있도록 잘 돕는 것까지가 지시다. 업무를 수행할 시간을 확보해주고, 그 업무를 감당할 능력이 되는지 체크하고, 기한 내에 맞출 수 없는 상황이라면 장애물 제거까지도 도와야 한다. 실무형 팀장이라면 자신의 업무를 하면서 이런 것까지 챙기는 것이 만만치는 않을 것이나, 이 문제는 결국 팀장이 풀어야 하는 숙제다. 이 문제를 빨리 해결할수록 업무는 수월해지고 성과에 집중하게 된다. 반대로 숙제가 밀리면 항상 저성과의 늪에서 허우적거리게 된다.

데스크 어드바이스!

회사라는 공간은 육하원칙으로 말해도 오해가 생기는 공간이다.

쉽게 말하고 정확하게 말해야 한다.

3.

피드백은 제대로 할 것

피드백의 궁극적인 의미는 업무가 지시한 대로 잘 흘러가고 있는지 점검하는 일이다. 즉, 어떤 업무의 진행이 최초의 목적과 지시에 부합하는지, 그에 따른 논리와 근거가 충실하게 채워지고 있는지, 진행은 어느 정도 되었는지를 확인하여 보고받고자 하는 일정을 벗어나지 않게 만드는 것이다. 여기서 말하는 점검은 단순한 확인의 의미가 아니다. 목적에 부합하지 않는 부분이 있다면 바로잡아 정상적으로 진행될 수 있도록 수정을 가하고, 논리적으로 빈약한 부분이 있다면 채워서 더 좋은 결과물을 만들 수 있도록 돕는 것이다.

거침없이 피드백, 질책은 삭제!

피드백을 설명하면서 '지적'이라는 표현을 사용하지 않았다. 피드백이 지적이나 질책으로 변질되는 경우, 피드백이 본연의 목적을 잃어버리는 이유다. 피드백 과정에서 간혹 지적이 필요한 경우가 생기기는 하지만, 이때조차도 지적보다는 조언이나 수정의 역할로 접근하는 것이 좋다. 피드백이 지적=질책이 되는 순간 팀원들은 그 시간을 불편하게 생각하고 회피해버리는 경향이 있다. "중간보고를 하란 말이야. 도대체 왜 중간보고들을 안 하는 거야."라는 말하기 이전에 중간보고=

피드백의 시간을 편안하게 만들어줄 필요가 있다.

　그 시간이 스트레스의 시간이 아니라면 팀원은 그 시간을 피하지 않는다. 팀원들이 중간보고를 하지 않는다면 뭔가 문제가 생겼다는 것으로 인식해야 한다. 팀원 자체가 무개념인 사람이 아니라면 팀장이 두렵거나, 피하고 싶은 어떤 이유가 있는 것이다. 만약 팀장의 피드백에 문제가 있는 상태로 이런 시간이 길어지면, 팀장은 팀장대로 짜증이 폭발하지만 팀원도 '거침없는 하이킥'을 키워간다.

　피드백은 독자적으로 존재할 수 없는 과정이다. 분명 지시의 연장선에 있고 결과물의 앞 단에 존재하는 과정이다. 피드백은 지적이 아니라 건설적인 소통의 시간이어야 한다. 팀원의 진행사항을 확인하고, 내용이 틀어진 부분이 있다면 이유를 확인하고, 방향이 틀렸다면 수정을 가해서 오류를 바로잡는 과정이기 때문이다. 궁극적으로 상사의 지시가 정확하게 전달되어 과정까지 이어지고 있는지를 확인하는 일이다. 지적이 아니라 팀원의 업무를 정확하게 짚어주어 최상의 결과물을 만들도록 운전하는 일이다. 팀원의 역량이 현저하게 부족한 경우가 아니라면 팀원은 딱 팀장의 지시와 피드백 능력만큼 결과물을 만들어낸다. 다시 말하지만 피드백에 질책은 삭제하는 것이 좋다.

피드백은 짧게, 여러 번!

피드백을 잘하지 않는 이유로, 팀원에게 자율을 준다거나 팀원을 믿는다는 표현을 쓰는 리더를 간혹 경험한다. 리더가 이런 선택을 하거나 표현할 때는 신중할 필요가 있다. 업무 스킬에 대한 자율은 업무의 틀이 잡힌 이후에 사용해야 하는 일종의 기술인 것이다. 팀장과 팀원의 업무 궁합이 맞춰지지 않은 상태에서, 업무가 루틴하게 정착되지 않은 상태에서 자율이라는 의미는 방임과 같은 뜻이다. 업무 패턴이 안전하게 장착된 조직이 아니라면 어울리는 말이 아니다.

업무의 결과물이 어떤 식으로 나오든 "와우, 퍼펙트, 잘했어!", "죽이 되든 밥이 되든 당신에게 책임을 묻지 않을 테니, 나에게 묻지 말고 당신이 알아서 하세요."를 말할 수 있는 경우가 아니라면 다 거짓으로 보인다. 그런 것이 아니라면 피드백을 하지 않겠다는 팀장의 업무 해태다. 게으르고 비겁한 선택이다. 피드백은 업무의 실수를 줄이고 좀 더 효과적인 결과물을 만드는 데 필요한 기술이다. 피드백은 꼭 해야 하고, 가능하면 짧은 패턴으로 가볍게 자주하는 것이 좋다. 이 행위를 팀원들의 업무, 업무들의 진척도를 정확하게 파악하고 있어야 한다.

피드백은 타이밍, 너무 늦지 않게!

회사에서 일어나는 일 중에는 타이밍이 중요한 것이 많다. 피드백도 타이밍이 중요한데, 너무 이르거나 너무 늦지 않는 것이 좋다. 일을 지시하고 착수하기도 어려울 만한 시간에 그 일이 어떻게 됐는지를 묻지 않아야 한다. 성격이 급해서가 아니라, 자신이 시킨 일이 뭔지도 모르는 듯한 느낌을 준다. 같은 상황이 반복되면 팀원들은 팀장의 계획보다 늦는 것을 당연하게 여기게 된다. 너무 빠른 것도 문제지만 너무 늦는 것은 더 큰 문제다. 틀린 것을 발견하고도 수정할 여유조차 가질 수 없다면 그건 팀장의 실수다. 알고도 수정할 시간이 없어서 대충 넘어가야 하는 경우로 이어질 수 있는 중대한 문제다.

"아니, 업무를 이정도밖에 못했으면, 문제가 있었으면 진작 보고를 했어야지."라는 말을 자주 사용하고 있다면 피드백에 대한 개선을 고민할 필요가 있다. 팀원이 피드백 중간보고를 잘하지 않는 이유는 두 가지다. 팀장의 피드백에 핵심이 없거나, 팀장의 피드백이 두려운 경우다. 이 두 가지 환경은 만들지 않는 것이 좋다. 팀장의 피드백은 부지런을 떨어야 한다. 피드백이 게으르면 일하는 사람도 힘들고 지시하는 사람도 힘들어진다. 피드백은 너무 늦지 않게, 회사라는 곳은 변수가 많은 장소이므로 계획보다 반 박자 정도 빠르게 움직이는 것이 좋다.

피드백은 정확하게!

당연한 말이지만 피드백은 정확해야 한다. 지시대로 잘 작성되고 있는지, 뭔가를 수정하거나 추가해야 한다면 어떤 것을 해야 하는지, 잘못됐다면 어떤 것이 잘못된 것인지 구체적으로 안내해야 한다. 피드백의 최종 종착지는 결과물이다. 어떤 식으로든 결과를 좋게 만드는 데 보탬이 되어야 한다. 과정이나 결과물에 긍정적 영향을 끼치지 못하면 피드백은 그저 시간 낭비일 뿐이다.

"잘못했잖아, 다시 작성해!" 같은 뜬구름 잡는 지적질에 의미를 두어서는 곤란하다. 팀원들에게 혼란을 주지 않기 위해서는 피드백은 디테일해야 한다. 정확한 피드백은 업무의 과정을 윤택하게 하고 결과물을 좋게 만드는 데 크게 영향을 끼친다. 여기에 더해 팀장의 멋짐은 덤이다.

피드백은 친절하게!

이 모든 피드백이 먹히기 위해서는 주의할 것이 있는데 그건 '친절함'이다. 적어도 피드백만큼은 친절해야 한다. 기분은 상하지 않게 하되, 의사는 정확하게 전달해야 한다. 리더들이 가장 골머리 아파하는 것 중 하나가 구성원들이 보고를 잘하지 않는다는 부분이다. 어쩌면 이건 팀장들이 스스로 판 함정일지도 모른다. 구성원들이 입을 닫거나 감추는 것이 생긴다면 리더와의 소통이나 피드백에 두려움이 생겼을 가능성을 생각해보아야 한다. 결과로는 달게 질책하더라도 피드백은 가벼워야 한다. 언제고 편하게 주고받을 수 있어야 한다. 그리고 사실 피드백이 잘되면 결과물이 나쁘게 나오는 것이 오히려 이상한 거다.

'내가 팀장의 지시를 잘 못 이해한 것 같은데 어쩌지?, 잘하고 있는 건가?, 이건 내가 혼자 풀 수 있는 부분이 아닌데 어떻게 하지?, 이건 문제가 있어 보이는데 이대로 해도 문제가 없나?' 어떤 부분에서 막히든 팀원이 팀장에게 피드백=중간보고하는 것이 부담 없고 편하게 만들어 줄 수만 있다면 팀장과 팀원이 감정을 소모할 큰 포인트를 한 가지 없애는 것이다.

이유와 함께 대안을!

"안 돼, 잘못됐어, 내 말 알아들었지, 수정해!"
이런 이상하고 질 나쁜 피드백은 더 이상 먹히지 않는다.

조직에서 피드백을 심각하게 가로막는 한 마디가 있다. "그 정도는 알아서 해야지, 그런 것도 알려줘야 하나?" 같은 말이다. 여기에 더해 "그럴 거면 내가 하고 말지, 당신을 시키겠나?"를 더해주면 후진 팀장의 최상급이 된다. 입이 근질근질해도 이런 말은 절대 뱉지 않아야 한다. 그것이 팀장 자신을 위한 길이다. 팀원들의 질문이나 중간보고가 참지 못할 만큼 귀찮고 힘들다면 해답은 간단하다. '그 정도'에 대해서 묻지 않을 만큼 정확한 룰을 아주 자세하게 알려주면 된다. 그들이 묻지 않아도 될 때까지. 피드백의 가장 큰 수혜자는 언제나 팀장이다. 피드백을 하지 않아 손해를 가장 크게 입는 것도 언제나 팀장이다. 이건 팀장이 기억해야 할 중요한 내용이다.

데스크 어드바이스!

피드백에서 필요한 건 비난이 아니라 제대로 된 소통이다.

팀장은 피드백 파괴자가 아니라 피드백을 통해 좋은 결과물을 만들게 돕는 사람이어야 한다.

4.
쉽게 말할 것

'오컴의 면도날 Ockham's razor'은 논리적으로 가장 단순한 것이 진리일 가능성이 높다는 이론이다. 영국의 신학자이자 철학자 오컴이 1324년 신과 만물에 대해 토론하던 중 지나친 논리 비약이나 불필요한 가정을 진술에서 잘라내는 면도날을 도입하자고 제시한 데서 유래했다. 요컨대 만약 어떤 일에 인과관계를 설명하는 두 가지 주장이 있다면, 그중 가정이 많은 것을 피하자는 것이다. 불필요한 가정을 최대한 줄여야 판단 오류를 줄일 수 있고, 진리는 언제나 쉽고 간단하게 표현되고 전달되는 법이다.

오컴의 면도날은 복잡한 진술뿐 아니라 일상적인 말과 글에서도 꼭 기억해야 할 법칙이다. 쉽게 말하기의 장점을 요약하면 다음과 같다. 말하기가 쉽고, 잘 들리며, 궁극적으로 불필요한 오해를 만들지 않는다. 그리고 이를 고스란히 뒤집으면 복잡하고 어렵게 말하기의 단점이 된다. 즉 말하는 사람도 헤매고, 잘 들리지 않으며, 불필요한 오해를 낳지 않는다.

복잡하고 어렵게 말하면 말하는 사람의 정확한 의도가 파악되지 않는다. 회사라는 공간에서 팀장이 이런 화법을 사용하는 경우 직원들은 '거짓이 섞여 있거나, 문제가 생기면 자신이 빠져나갈 여지를 남기는 것'으로 해석한다. 또 이런 말은 듣는 사람에 따라 해석이 달라진다. 눈치 빠른 사람이나 가까운 사람만 알아듣는다. 무엇보다, 어려운 말은 애초에 잘 들리지가 않는다. 결국 상대는 말을 한 귀로 듣고 한 귀로 흘리게 된다. 한두 번은 의도를 파악하기 위해 노력하지만 횟수가 반복되면 듣는 사람도 슬렁슬렁 듣게 된다. 이유는 간단하다. 안 들리니까.

말이 안 들려서야 소통이 되지 않는다. 회사에서는 소통이 필수고, 원활한 소통을 위한 기본은 쉽게 말하기다. 쉽게 말한다는 것은 표현 전달력이 좋다는 뜻이다. 거짓이 없다는 방증이다. 허심탄회하게 핵심만 전달하니 말이 복잡하고 어려워질 이유가 없고, 그 진실성과 명료함이 팀장과 팀원의 관계를 더 좋게 만들어 준다. 한데 직장에서 쉽게 말하기는 그다지 주목받지 못한다. 우선 너무 당연해서 외면당한다. 또 "당신은 말하는 게 너무 어려워요."라고 쉽게 이야기할 수 없는 조직문화 때문이기도 하다. 하지만 이를 방치하면 동문서답을 하게 되고, 갈등을 피하려고 혹은 귀찮아서 거짓말을 하게 된다. 전형적인 오해와 갈등의 주범이다.

전라도 지역에서 많이 쓰는 말 중에 '거시기'라는 단어가 있다. 사전적인 의미는 '이름이 얼른 생각나지 않거나, 바로 말하기 곤란한 사람 또는 사물을 가리키는 대명사'다. 하지만 실제 용도는 대명사, 명사, 부사, 동사, 감탄사를 넘나든다. 그럼에도 그 지역 사람들은 '거시기'하면 척하고 알아듣는다. 이 한마디로 꽤 많은 대화가 가능하다. 마치 만능 단어 같은 느낌이다.

경상도 지역에도 비슷한 쓰임새인 '거석'이라는 단어가 있다. "마, 찬이 참 거석해서 맴이 거석해. 밥이 거석해도 많으니까 거석들 해." 군 전역 후 동기네 집에 놀러 갔을 때 동기의 어머니가 밥을 차려 주면서 했던 말씀이다. 기이하게 들었던 기억이 있다. 또 다른 예로 "마, 함 하까?" 같은 말이 있다. 억양에 따라 "나랑 싸울래?"와 "소주나 한잔 할까?"를 넘나들고 그 외에도 여러 가지 뜻으로 변형된다. 여기서 '마'라는 단어도 억양에 따라 친구를 지칭하기도 하고 욕이 되기도 한다.

'거시기, 거석이나 쫌, 충청도의 뭐여'를 말할 때처럼, 사람들이 개떡같이 말해도 찰떡같이 알아듣기를 원하지만 그런 일은 드물다. 특히 직장에서는 육하원칙에 따라 이야기해도 의사 전달이 제대로 되지 않는다. 지시 단계를 거치면서 원래 의도에 왜곡현상이 생기기 때문이다. 그럼에도 '너 이쯤은 알지?'라는 식의 모호한 지시가 만연한 곳이 회사라는 공간이기도 하다.

> **팀원을 고통스럽게 하는 말**
>
> - 할 줄 알지? → 알아서 해봐 → 아직도 그걸 모르면 어쩌나?
> - 할 줄 알지? → 그냥 시키는 대로 해 → 아직도 그걸 모르면 어쩌나?

오랜 직장생활에서 가장 많이 보아 온 선배들의 노하우 전달방식이다. 보통의 사람들은 정확하게 알려주지 않으면 모른다. 말이 어렵다는 것은 다른 의도가 있거나, 자신도 잘 모르거나, 원래 말을 조리 있게 못해서 일 수 있다. 만약 마지막 경우, 즉 화술 자체가 떨어지는 사람이라면 중언부언 장황한 말로 노력하기보다는 짧게 말하는 것이 좋다. 곁가지 다 떼고, 좀 서투르더라도 핵심만 말할수록 상대에게 쉽게 들린다.

직장에서 쉽게 말하기는 관계에서 오해와 갈등을 방지하고, 말을 해석하기 위해 보내는 쓸데없는 시간과 에너지 소모를 줄여준다. 비경제적인 표현법들은 관계에서 피로를 느끼게 한다. 말, 대화, 소통은 물 흐르듯 맑고 자연스럽고 부담이 없고 즐겁다. 배수구가 막힌 듯 답답하고, 탁해서 물속이 보이지 않는 느낌을 받는다면 그런 대화를 나누는 일은 소통이 아니라 불통이고 고통이다.

데스크 어드바이스!

말이 어려우면 알아듣기 어렵다.

"안 들려요!"

"안 들린다구요!"

5.

보고 잘하고
보고 잘 받는 팀장의

to do list 1
: 보고서 작성능력을 키울 것

'가장 좋은 보고서는 어떤 보고서인가?'라는 질문에 '상사가 원하는 보고서, 상사가 만족하는 보고서'라고 표현한 데이터가 많다. 해답만 보면 매우 단순해보이지만, 사실은 그렇게 단순한 문제가 아니다. 상사의 스타일도 맞춰야 하고, 상사의 마음에도 들어야 하고, 정확한 메시지도 전달해야 한다. 내용에 따라, 요구사항에 따라, 상황에 따라 양식과 형태를 달리해야 하는 경우가 많다.

보고서는 보고할 때마다 최고라고 평가받는 사람에게도 쉬운 작업이 아니다. 일단 상사가 원하는 보고서의 스타일이 중요한 것이 사실이다. 하지만 더 중요한 건, 상사에게 보고에 대한 신뢰를 주는 것이다. 상사들은 믿을 만한 사람의 보고서는 의심 없이 검토하지만, 믿음이 없는 사람에 대한 보고서는 의심의 눈초리를 가지게 된다. 보고서 한 장에서 제목과 내용으로 압도를 하든, 그저 그런 제목이지만 가설과 방대한 양의 검증 데이터를 통해서 압도를 하든, 상사에게 중요한 것은 믿고 볼 수 있는 보고서다. 내용의 핵심, 보고서의 시안성이 중요한 건 두말하면 잔소리다.

여기서 궁금증을 가져야 할 한 가지가 있다. '상사가 원하는 스타일은 뭔가요?', 상사가 원하는 스타일의 보고서를 주문하는 팀장은 많지만, 상사의 스타일을 정리해서 알려주는 사람은 없다. 참 아이러니한 일이다.

보고서 작성의 기본

- 보고서가 시각적으로 잘 보이게 만들 것(구성, 글씨 크기, 색상 등 활용)
- 제목에 결론과 내용이 함축되어 있을 것
    - 제목에서 의도와 결론을 알 수 있어야 함
    - 제목이 매력적이면 내용도 매력적으로 안내함
    - 제목은 내용을 매력적으로 꾸며줘야 함
- 내용은 중요한 것으로 시작해서, 중요한 것으로 마칠 것
    - 내용의 시작이 강렬해야 보고서에 몰입하게 됨.
    - 마지막이 강렬해야 제목과, 첫 내용을 기억하게 함.
- 결론을 읽고 헷갈리게 하지 말 것
    - 결론은 명쾌해야 함
    - 결론은 단순해야 함

아쉽지만 보고서 작성능력이 떨어지는 사람에게서 이런 내용을 포함한 보고서를 구경하기는 힘들다. 하지만 걱정할 필요는 없다. 보고서는 기술이기 때문에 학습을 통해서 충분히 실력을 늘리는 것이 가능하다. 전임자가 'OK'를 받았던 보고서에서 힌트를 찾고, 다른 형태의 보고서를 학습하면서 더 좋은 시안성을 제공하는 방법을 찾아야 한다. 결국 상사는 한눈에 들어오는 보고서를 가장 선호한다.

신뢰하는 보고서는 자신의 스타일에 맞는 것을 추구하지만, 실제로 잘했다고 평가받는 보고서는 어떤 형태로든 상사의

시야에 잘 담기는 보고서다. 연애를 앞둔 사람들에게 "어떤 스타일의 이성을 좋아하세요?"라고 물어보면 분명한 이상형을 가진 사람들이 많다. 하지만 신기하게도 막상 그들이 매력을 느끼고 사귀는 이성은 '이상형'과 거리가 먼 경우도 매우 많다.

경영자는 보고서를 통해 꽤 많은 것을 결정하게 된다. 보고서를 통해 알게 되는 것들이 있고, 보고서를 통해 여러 가지 동향을 파악하게 되고, 보고서를 통해 지시한 일을 확인하고, 보고서를 통해 결정하는 등 경영자의 일은 모든 것이 보고서로 시작하고 보고서로 끝이 난다. 경영자들이 보고서를 중요하게 여기는 이유다. 직원의 실력을 알아보기에 보고서는 매우 좋은 수단이기도 하다, 회사의 경영자들에게 가장 흔하게 들었던 말이다.

즉, 보고서는 업무적으로 상사에게 가장 민낯으로 노출되고, 가장 영향을 많이 끼치기에 평가와 가장 밀접하게 되는 업무라는 방증이다. 팀장은 보고서를 검토하는 입장이면서, 보고서를 작성해야 하는 자리기도 하다. 이 부분에 부족함이 있다면 팀장 스스로 채워나가려는 노력을 해야 한다. 충분히 고민한 보고서는 제목부터 A4 용지 때깔까지 다르다. 경영자들은 그걸 귀신같이 알아본다. 회사라는 곳은 논리적으로 설명되지 않는 일이 많이 생기는 공간인데, 때로는 보고서 하나에 사람의 탁월함이 드러나기도 한다. 이건 직장생활에서 매우 중요한 힌트다.

	유형별 보고서 작성 방법
개선 보고	제목, 보고의 목적, 검토 배경, 현황 및 문제점, 개선방안, 기대효과, 추진일정
동향 보고	제목, 보고의 목적, 검토 배경, 현황/현상, 향후전망 당사 대응방안
결과 보고	제목, 보고의 목적, 주요 내용, 결과 분석, 주요 성과, 향후 시사점

보고서에서 중요한 4가지
• 보고받는 사람의 눈높이에 맞출 것 • 보고받는 사람을 특정할 것(경영자, 해당 임원, 고객사, 고객 등) • 시간을 지킬 것 • 작성자와 검토자의 교감이 있을 것

6.

보고 잘하고 보고 잘 받는 팀장의

to do list 2

: 보고서 검토능력을 키울 것

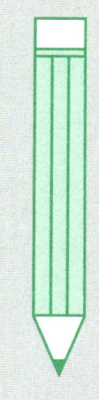

면접을 볼 때, 면접관이 아는 게 없으면 실력 있는 사람과 실력 없는 사람을 구분하지 못한다. 회계 분야를 채용하려면 그 분야의 실력을 확인할 수 있는 질문, IT 개발자를 채용하려면 해당 업무의 핵심이 어떤 것이고, 어떤 것을 질문해야 하는지 공부를 해야 한다. 면접관이 아는 게 없으면 기승전, 태도만 보게 된다. 태도가 좋아서 나쁠 건 없지만, 태도만으로는 업무 능력자를 알아볼 수는 없다. 보고서도 그렇다. 보고서의 형식을 모르면 어떤 보고서가 좋은지 알 수 없고, 보고서에서 중요하게 보아야 할 것이 뭔지를 모르면 매번 글자 크기와 오타, 마음에 들지 않는 단어만 지적하게 된다.

팀장에게 필요한 능력 중, 보고서에 대한 부분은 별 다섯 개★★★★★도 부족할 만큼 중요하다. 일단 보고서는 경영자와 팀장을 가장 밀접하게 잇는 업무적 끈이다. 그만큼 경영자에게 많이 노출되고, 노출되는 만큼 평가도 받게 된다. 보고의 과정은 팀장에게 가장 큰 이익을 제공하기도 하고 가장 큰 손해를 제공하기도 한다. 또한 보고서 능력이 탁월하다면 경영자나 팀원으로 하여 팬덤까지 만들어낸다. 그것이 보고서의 위력이다. 문제는 보고서와 관련된 업무가 리더십의 전반에 영향을 끼친다는 데 있다. 팀장의 보고서 작성능력이 떨어지면 검토능력이 떨어지고, 검토능력이 떨어지면 보고 능력이 떨어진다. 다른 업무는 팀장의 능력이 조금 부족해도 어느 정도 감출 수가 있는데, 보고서에 대한 부분은 감추기가 어렵다.

정말 두려워 해야 할 건 경영자가 아니라 팀원이다. 보고서를 검토하는 과정에서 팀장의 실력은 있는 그대로 노출된다. 팀장의 수준이 예리함을 가졌는지, 보고서의 내용을 정확하게 이해하는지, 오타만 지적할 수준인지, 뭔가 틀린 것 같은데 내용은 모르고 답답해 하는 것인지, 팀원들은 그대로 느낀다. 요즘 팀원들 생각보다 똑똑하다. 표현하지 않는다고 해서 모른다고 생각하는 우를 범하지 말자. 팀장이 팀원의 능력을 아는 것이 어렵지 않은 것처럼, 팀원도 팀장의 능력을 금새 알아본다. 이 부분은 보태거나 뺄 것이 없다. 팀원이 모두 신입사원이 아니라면 팀원 중에도 실력자가 많다는 것을 염두해야 한다. 현란한 말기술로 업무능력을 커버하는 것에는 한계가 존재한다.

보고서 관련 업무에서 팀장과 팀원은 연좌제, 팀장과 팀원이 연대책임을 지는 업무로 이어져 있다. 팀원이 작성한 보고서여도 팀장이 함께 평가를 받게 되고, 팀장이 내용의 근간을 건드려 핵심이 달라진 보고서도 작성자인 팀원은 함께 평가를 받아야 한다. 이럴 때 발생하는 아이러니가 잘된 것은 내 탓, 문제가 생긴 것은 네 탓이다. 보고서를 검토하는 과정에서 팀장과 팀원의 마찰이 유독 많은 것은 이런 아이러니의 충돌과 이해의 충돌 때문이다. 연좌제로 묶여 있기 때문에 팀장도 팀원도 양보가 어렵다. 팀장이 팀원보다 보고서에 대한 이해도가 낮거나, 검토능력이 떨어지면 팀에 바람 잘 날이 없게 된다. 문제가 없는 경우는 팀장이 팀원을 아우를 수 있을 만한 실력을 갖춘 경우뿐이다.

보고서 검토 방법

- 제목이 보고서의 의도를 정확하게 담고 있는지
- 보고서의 가독성이 좋은지
- 보고서의 시각적 요소가 좋은지
- 제목과 핵심 내용에서 결론이 분명한지
- 가설 or 근거가 있는지
- 가설 or 근거자료가 정확한지
- 보고서를 소리 내어 읽어볼 것
- 오타나 바꿔야 할 용어가 있는지

※ 보고서 검토에서 오타의 확인이 가장 마지막 순서라는 것을 기억할 것. 오타의 확인이 우선순위가 되면 보고서를 거꾸로 검토하게 되는 기형적인 일이 생기며, 훨씬 많은 시간이 소요된다.

7.

보고 잘하고 보고 잘 받는 팀장의

to do list 3

: 보고대상을 분명히 할 것

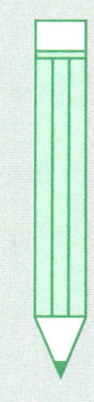

상사가 원하는 보고서, 여기서 말하는 상사가 팀장인지, 팀장의 상사인지, 경영자인지를 정확히 할 필요가 있다. 결국은 최종 결재권자에게 초점을 맞추는 것이 가장 효과적일 것이다. 하지만 적지 않은 팀장들이 경영자의 요구사항을 파악하지 못해서 방황한다. 이 부분에 대해서는 적극적으로 알리는 노력이 필요하다. 팀원이 작성한 보고서에 대해 상사에게 질책을 받는 경우가 있다. 이때 검토를 하고 결재까지 했던 팀장이 오리발을 내밀면 스스로 무책임한 사람이 된다. 또한 방향도 모르면서 팀원들을 다그쳤던 행동은 무개념의 극치로 올라갈 수 있는 최고의 경지로 보이게 된다.

보고서를 지적할 때마다 스타일이 달라지고 내용이 달라진다면, 자신의 스타일을 개선할 필요가 있다. 작은 원칙이나 규칙을 통해서라도 고정하려는 노력이 필요하다. 그건 보고 대상을 누구로 설정하느냐와도 관계가 깊다. 팀장의 실력이 부족하다면 실력이 좋은 팀원의 도움을 받는 것도 한 방법이다. 보고서 작성자의 입장에서는 고려해야 할 대상이 많아지면 포인트를 맞추기가 쉽지 않다. 팀장을 만족시켜야 하고, 팀장의 상사, 상사의 상사까지 만족시켜야 한다는 것이 쉬운 일일리 없다. 문제는 작성자 본인도 만족해야 한다는 것이다. 작성자 스스로 자신의 보고서에 영혼이 없으면 결재를 받을 때

정상적으로 자신의 주장을 펼치기가 어렵다.

　보고서를 작성하는 사람들이 가장 싫어하는 상황이 있다. 자신의 주장과 전혀 다른 내용을 보고해야 하거나, 자신이 작성하지 않은 보고서를 상사에게 대신 보고해야 하는 경우다. 작성자 입장에서는 누군가가 보고서 내용의 핵심을 바꿔버렸거나, 내용의 70~80% 이상을 수술한 보고서는 더 이상 자신의 보고서가 아닌 셈이다. 그런데도 작성자라는 명분으로 경영자에게까지 보고해야 한다면 난감하다.

　결과가 좋으면 행운이지만, 결과가 나쁘면 팀장에게 불만을 터뜨리게 된다. 팀장이 결재를 대신 맡아도 마찬가지다. 자신이 작성하지 않은 보고서에, 작성자로 이름을 올리는 것이 기분 좋을 리 없다. 이런 분쟁과 혼란을 피하기 위해서는 보고서에 대해 기준을 만들고, 핵심 모듈Module을 공유할 필요가 있다. 적어도 보고서의 스타일에 대해서는 논란의 여지를 없애버려야 한다. 이 행위만으로도 팀장과 팀원 사이에서 발생하는 분쟁의 많은 부분이 삭제된다.

8.

보고 잘하고
보고 잘 받는 팀장의

to do list 4
: 작성지침을 분명히 할 것

팀장이 원하는 보고서 스타일이 있는 것은 자연스러운 일이다. 하지만 경영자에게 이어지기까지 생기는 괴리는 팀원들을 논리적으로 설득하고 메울 수 있어야 한다. 무엇보다 팀장이 가진 보고서의 원칙이 있다면 정확한 지침을 통해 공유하면 된다. 매번 같은 지적을 반복하는 것 중 꽤 많은 부분을 줄일 수 있다. "이건 제목과 내용이 구분이 안 되잖아!", "이건 글씨가 너무 크잖아!", "이건 글씨가 너무 작잖아!" "이건 경영자가 싫어하는 스타일이잖아!", "보고서는 한눈에 들어오게 작성해야지, 그런 것도 모르나?" 같은 지적은 팀원으로 하여금, '울컥'을 불러일으킨다. 반면 정확한 지침을 주는 것은 팀원에게 일에 집중도를 높인다.

	보고서 기본
제목	• 제목이 내용을 대변할 수 있게 • 제목으로 목적/결론을 알 수 있게
주요 메시지	• 주장하고 싶은 핵심 내용 • 시사점과 결론
본문	• 주요 메시지에 대한 근거 • 서술형(배경, 시장현황, 추진사항, 기대효과, 문제점, 사례 등) • 데이터형(표, 도형, 데이터, 워크시트 등)

	세부 내용 샘플
보고서 타이틀	• 첫째 줄, 중앙, 신명조 진하게, 글자크기 16, • 굵은 글씨, 글자 색은 검정색만 사용
소제목	• 상단과 1행 띄울 것, 왼쪽 상단, 맑은 고딕, 글자크기 14 • 굵은 글씨, 글자색은 검정/파랑/보라색 활용가능
핵심 주장	• 글자크기 11, 줄 간격 160 • 강조할 내용이 있을 때는 소제목의 글자색 사용가능
본문	• 글자크기 11, 줄 간격 160 • 글자색 사용 불가
기타 사항	• 보고자 이름 - 한글 표기, 셋째 줄 오른쪽 끝, 글자크기 11 • 보고자 소속 - 이름 아래 위치, 신명조, 글자크기 11 ※인용자료는 출처를 반드시 표기(중복 시 공신력 있는 기관 순)

보고서 작성자가 가장 많이 길을 잃는 순간은 불명확한 지시다. 팀원들에게 좋은 보고서를 원한다면 "좋은 보고서를 부탁해!"가 아니라, "우리 팀의 보고서 규칙에 의해서 작성하되, 제목을 신박하게 뽑아보고, 핵심 내용도 잘 정리해보고, 가설에 대한 검증 데이터는 최대한 많이 첨부할 수 있도록 해봐!" 같은 정확한 지시다. 경영자가 좋아하는 스타일의 보고서를 지시하는 경우라면, 어떤 보고서가 경영자가 좋아하는 스타일인지 알려주는 것까지가 정확한 지시다. 정확한 지시는 언제나 리더의 몫이다.

9.

보고 잘하고
보고 잘 받는 팀장의

to do list 5
: 예측 가능한 기준을 가질 것

예측 가능한 기준을 가질 것

보고서의 기준을 가지는 것의 장점은 쓸데없이 소모하는 시간을 줄이는 데 있다. 리더가 선호하는 보고서 스타일, 보고서에서 꼭 넣기를 요구하는 사항, 가장 중요하게 보는 것 등에 대해 예측 가능해야 한다. 이것이 불규칙해지면 보고서의 목적이 산으로 가기 시작한다. 보고서의 목적은 경영자의 경영적 판단이나 결정이 필요한 부분에 대한 정확한 판단을 돕기 위한 것이다.

하지만 보고서의 핵심이 불규칙하면 주부가 바뀌어 버린다. 보고할 내용을 고민하고, 가설을 세우고, 가설을 검증하고, 문제점을 찾고, 대안을 찾아야 하는데, 상사의 입맛에 맞는 보고서를 만들기 위해 시간을 떼우게 된다. 알맹이가 없어도 보기 좋은 보고서가 나오기도 하지만, 회사에는 이익이 되는 일이 아니다. 혹, 경영자가 그런 스타일이라 해도 팀장까지 자신의 스타일을 더해 팀원들을 비효율로 몰아가는 것은 바람직하지 않다.

빨간펜을 댈 때는 'How to'를 알려줄 것

"이거 내가 지시한 거랑 내용이 다르잖아. 다시 작성해."
"이거 뭔가 설득력이 없잖아. 다시 작성해."
"이렇게 작성해서 대표님이 이해할 수 있겠어? 다시 작성해."
"이거 또 틀렸잖아, 이거 내가 바꾸라고 했잖아. 다시 작성해."
"이걸 보고서라고 작성했어? 다시 작성해."
"내가 말한 게 이거 아니잖아, 알잖아? 다시 작성해."

"잘 몰라서 그러는데, 어떻게 수정하는 것이 좋을까요?"
"야, 그걸 꼭 말해야 아나? 초등학교도 안 다녔어?"

비약한 것 같지만 이런 방식의 업무 스타일을 추구하는 리더를 만나는 것은 어렵지 않다. 간혹 이런 방식을 구성원에 대한 훈육이라고 생각하는 사람이 있는데, 이런 방식은 훈육이 아니라 희롱으로 느끼는 직원들이 많다. 1시간이면 할 업무를 3시간 동안 하게 만들고, 하루이틀이면 할 일을 일주일 걸리게 만드는 것은 팀장으로서도 손실이 많은 리더십이다. 리더는 뭐가 달라도 달라야 한다. 적어도 팀원일 때와 팀장일 때가 달라야 한다. 팀원일 때는 입만 보탰더라도, 팀장이 되서는 불평을 해결할 합리적인 방법을 고민하는 입장이 되어야 한다.

팀장이 지시한 것을 팀원들이 왜 이해하지 못하는지, 왜 수용하지 못하는지, 왜 소화하지 못하는 지, 늘 고민하고 더 좋은 방법을 찾아 나서야 한다. 내가 지시한 것과 어떤 내용이 다르고 어떤 것을 수정해야 하는지, 어떤 내용이 설득력이 없고 팀장이 요구하는 설득력이 어떤 것인지, 대표가 이해하지 못할 부분이 어떤 것이고 염두 해서 작성해야 하는 것이 어떤 내용인지, 틀린 것이 있다면 상대의 기분을 파괴하지 않고 지적하고 어떤 것을 수정하면 되는지 알려주어야 한다. 몰라서 말해주지 못하는 것도 문제지만, 알면서 전달하지 못하는 것도 문제다. 회사는 팀장의 기분을 맞춰주거나 팀장의 스타일로 힘자랑을 하기 위해 일하는 공간이 아니다. 적어도 업무에 대해서는 뭔가 정확하고 예측 가능한 범주를 만들어서 일을 해야 한다. 화가 났는데 왜 화가 났는지를 말해주지 않으면 모르는 건 당연한 거다. 틀렸는데 뭐가 틀렸는지 말해주지 않으면 모르는 건 이상한 게 아니다. 우리 관계가 부부나 형제, 절친이 아니라 회사에서 만난 관계라는 것을 잊지 말자.

조 팀장에게 보고서나 기안을 올리면 한 번에 통과시키는 경우가 없다. 사람에 대한 차별이 있는 사람이지만 이 부분에 대해서만큼은 매우 공평하다. 팀원 중 누구도 팀장의 빨간펜을 피할 수는 없다. 때로 급하게 진행해야 하는 사안이어서 중간보고 과정을 통해 팀장의 의견을 충분히 반영한 보고서도 결재 시점이 되면 모두 빨간펜을 만난다. 수정은 2~3회 이상이고 그 과정은 매번 동일하다. 직원들은 그때마다 팀장 옆에서 기본 30분 이상의 뻗치기를 해야 한다. 팀장이 보고서를 읽는 순간에도, 팀장이 '생각하는 인간 로뎅'이 된 순간에도, 빨간펜을 대는 순간에도, 팀장이 통화하는 순간에도 뻗치기는 이어져야 한다.

보고서의 내용은 항상 머리부터 발끝까지 고쳐진다. 제목, 핵심 메시지, 내용 구성, 내용에 사용하는 단어, 띄어쓰기, 글자 크기까지 한 자 한 자, 한 줄 한 줄 조목조목 수정해야 한다. 이것이 핵심이다. 팀장이 지시한 내용을 3D 프린터처럼 수정해서 다시 결재를 올려도 2~3회의 수정은 피할 수 없는 절차다. 이 과정을 벌 받는 것처럼 느끼는 직원도 있지만, '이건 일을 배우는 거야, 이 과정을 거쳐야 실력이 느는 거야, 보고서가 완벽해지는 거야.'라고 정신승리하는 직원도 있다. 다만 그건 초기에 몇 번에 한해서다.

이런 과정을 계속 거쳐야 한다면, 팀원들은 보고서에 공을 들이지 않는다. 어차피 고쳐질 내용이고, 어떻게 작성해도 통과되지 않는 것이 당연한 일이 되어버리기 때문이다. 여기에 더해 팀장의 수정 내용이 그때그때 다르거나, 내키는대로 스타일이거나, 그냥 본인이 좋아하는 스타일, 본인이 좋아하는 문구나 단어, 결재를 받는 순간의 기분에 따라 달라진다면 그건 팀원들에게 고문이다. 결재하는 순간에 팀장을 가장 없어 보이게 만드는 것은 수차례 수정을 통해 확정한 내용에 다시 수정을 요구하는 것이다. 그 수정 내용이 팀원이 처음에 작성했던 내용과 토시하나 틀리지 않다면 이건 '코미디 빅리그'가 된다. 여기서 말하는 '토시하나 틀리지 않게'라는 말은 '비슷하거나, 유사하거나, 별반 차이가 없거나'를 모두 포함한다. 이건 정말 팀원을 비참하게 만들고 팀장을 무시하게 만든다.

데스크 어드바이스!

보고서 작성기준이 명확하면 쓸데없는 것에 시간을 뺏기지 않아도 된다.

10.

회의 잘하는 팀장의

to do list 1

: 회의준비부터 철저히

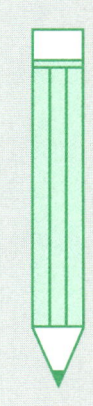

회의시간을 중요하게 다룰 것

회사에서 구설수에 잘 오르내리는 일 중 또 하나가 회의다. 팀장은 업무진행과 소통을 위해 회의가 꼭 필요하다고 여기지만, 직원들은 비효율과 시간 낭비의 최상급으로 회의시간을 꼽는다. 보통 회사에서 논란이 되는 일들은 이익과 손해라는 양면성을 가지고 있다. 매우 중요한 일인데 불만을 만들어 내고, 불만이 많은 일인데 매우 중요한 일이다. 회의가 그렇다. 아이러니하게도 회의를 가장 많이 소집하는 직책이 팀장, 효율적 회의진행에 가장 걸림돌이 되는 것도 팀장이라는 리포트가 많다.

즉, 회의시간을 효율적으로 만드는 것도, 낭비의 시간으로 만드는 것도 팀장에게 달려 있다는 말이 성립된다. 팀장에게 필요한 능력은 문제점을 찾아서 해결하는 능력이다. 팀장의 능력은 대부분 이쯤에서 패가 갈린다. 구성원에게 인정받는 리더로 자리매김할지, 우리가 그토록 뒤에서 입질했던 그저 그런 상사가 될지를 가른다. 만약, 어떤 현상에 대한 문제점을 찾아서 괴롭힘의 용도로만 사용하고 있다면 그건 후자에 가깝게 된다.

회사에서 일어나는 모든 일은 원인을 가지고 있다. 원인 제공자가 직원인 경우도 있고 경영자인 경우도 있지만, 회의에 대해서만큼은 소집한 사람이 주된 원인 제공자다. 그리고 소집하는 사람의 준비상태에 따라 회의는 질도 달라지고 결과도 달라진다. 팀장이 소집한 회의라면 그 결과도 팀장에게 귀속되는 것이 마땅한 일이다. 효율적인 시간을 만드는 것도, 의미 없는 시간을 만드는 것도 온전히 팀장의 공과인 셈이다. 결국 팀장이 주최하는 회의는 여러 면에서 팀장이 이끄는 대로 움직일 수밖에 없다.

회의에서 자유로운 분위기를 만든다면 팀원들의 발언이 많을 것이고, 발언이 불편한 분위기라면 발언하지 않는 사람이 매번 늘어갈 것이다. 편안한 분위기를 만드는 것이 "다들 편하게 얘기해, 편하게 말하라니까, 왜 말들을 안 해?" 같은 말만으로 가능하다고 생각한다면 매우 유감이다. 이보다 먼저 "이봐 그건 쫌, 그건 빼고, 그건 다들 아는 거잖아." 같은 말부터 삼가야 한다. 회의는 소집하는 사람이 기획하고 준비한 만큼만 움직인다. 적지 않은 팀장들은 이 중요한 일을 팀원이나 팀의 막내에게, 눈에 보이는 사람에게 넘겨버린다.

이것이 회의를 비효율의 대명사로 만드는 시작점이다. 팀원들이 회의를 의미 없는 시간으로 바라보는 것은 해답이 매우 명쾌하다. 회의에 목적이 없거나, 결론이 없거나, 역할이 없거나, 회의가 너무 많거나, 회의시간이 너무 길거나, 답정너인데 의견을 강요하거나, 의견을 내면 내 업무가 돼버리는 이상한 회의거나, 결론은 있지만 관리되지 않는 결론만 있거나 등의 이유다. 회의진행이 비효율적이라면, 모두 불만의 범주에 들어간다.

사실 회의시간을 효율적으로 만드는 것은 그리 어려운 일은 아니다. 팀원들의 시간을 소중하게 여길 마음과 존중, 그리고 일정한 규칙만 챙길 수 있다면 회의는 얼마든지 효율적이 될 수 있다. 팀장이 조금만 부지런 떨면 회의는 그 시점부터 효율적인 시간이 된다.

회의에 필요한 원칙

- 회의 주제를 분명히 할 것
- 필요한 사람만 참석시킬 것
- 소요 시간을 공지할 것
- 50분을 넘지 않을 것
- 결론이 있는 회의를 할 것
- 회의 내용을 공유할 것
- 타인의 발언에 비난하지 않을 것

회의 전에 to do list를 준비할 것

회의 전에는 반드시 사전 준비를 해야 한다. 회의는 준비된 만큼 효율적인 시간을 만들고, 준비하지 않은 만큼 의미 없는 시간으로 향해간다. 여기서 말하는 사전 준비는 회의 목적, 참석대상, 시간, 장소, 분위기, 결정할 사항까지 고려한 회의 시나리오를 기획하는 것을 의미한다. 회의 분위기는 자유방임적이라 해도 회의를 어떻게 이끌어갈지, 어떤 방법으로 의견을 나눌지, 어떤 결론을 도출해낼 것인지에 대해 나름의 시나리오를 가지고 있어야 한다. 자유로운 분위기에서 자유방임적 회의를 할 거라고 해도, 회의 주관자는 그 분위기를 어떻게 만들고 어떻게 끌고 갈 것인지 기획해서 큰 그림을 그려야 한다. 기획된 회의와 대충 모여서 잡담하는 회의는 시작과 과정, 결론까지 모든 것이 다르다.

회의 to do list

- 회의 의도/기획
- 회의 장소
- 회의 목적
- 소요 시간
- 참석 대상

회의 장소는 신중하게 정할 것

회의에서 중요한 몇 가지 요소가 있는데, 그중 하나가 장소다. 브레인스토밍 회의를 할 것이라면 그에 맞는 장소, 끝장 토론을 할 거라면 그 분위기를 조성할 수 있는 장소, 가볍게 회의를 하더라도 다른 것에 시선을 뺏기지 않는 장소 등 회의 장소 선정에 심혈을 기울여야 한다. 회의할 때, 회의 장소는 그다지 주목을 받지 못하지만 매우 중요한 문제다. 장소의 분위기에 따라서도 사람들의 태도가 달라지기 때문이다.

기업에 출강하는 강사 중에는 장소의 분위기가 맞지 않으면 섭외 자체를 거절하는 경우가 종종 있다. 장소가 강의력을 뒷받침하지 못하거나, 강의력을 현저하게 떨어뜨릴 거라고 판단하는 경우다. 물론 강의는 강사의 개인 역량, 가진 지식, 경험, 현란한 말발, 몸짓이 좌우한다. 하지만 아무리 현란한 말솜씨를 가져도 장소가 쌩뚱맞으면 강의는 제대로 전달되지 않는다. 청중은 고작 30명인데, 300명도 넘게 들어가는 큰 장소이거나, 강의 중간에 사람들의 출입이 있는 장소이거나, 강의장의 사방이 투명한 유리로 되어 있어서 시선이 분산되는 장소라면 제아무리 실력 좋은 강사도 청중을 몰입시키기 쉽지 않다. 회의도 마찬가지다. 자유분방한 장소에서 이루어져야 효율을 만드는 회의가 있고, 조용히 시선을 빼앗기지 않는 장소에서 몰입해야 하는 회의도 있다. 회의 장소는 회의 주제를 가장 잘 소화할 수 있는 곳으로 정해야 한다.

회의를 하면 직원들의 참여와 몰입을 이끄는 재주가 탁월한 선배가 있었다. 이 선배는 "우리 회의 좀 할까?"라는 가벼운 멘트로 팀원들을 데리고 회사 근처를 산책하다가 공원 벤치에 편하게 걸터앉아서 친구끼리 이야기 나누듯 편하게 대화를 나눴다. 신기하게도 이 자리에서는 깊은 얘기도 가볍게 할 수 있고, 어려운 이야기도 편하게 할 수 있었다. 선배가 운영하는 이런 회의는 몇 가지 유형이 있었는데, 모든 회의는 선배에 의해 철저하게 의도되고 기획된 회의였다. 팀장의 의도가 분명하고 잘 기획된 회의는 필요한 결과를 만들 수 있고, 팀의 분위와 성과까지 연결이 된다.

회의 목적을 분명하게 할 것

성공적인 회의를 위해서는 이 회의를 왜 하는지, 회의의 목적이 무엇인지, 회의를 통해 얻고자 하는 것이 무엇인지를 명확하게 해야 한다. 또한 회의 전에 이 내용은 반드시 공유되어야 한다. 목적을 알고 참석하는 회의와 목적 미상의 회의는 참여하는 사람의 태도부터 다르게 만든다. 참석자들이 회의를 효율성이 있고 없고를 판단하는 것도 이 부분과 맞닿아 있다.

　페이스북의 CEO 마크 저커버그와 실리콘 밸리의 회사들은 '헤커톤 끝장'을 보는 회의로 유명한데, 목표와 의도를 분명히 하는 것을 회의에서 가장 중요한 원칙으로 삼고 있기도 하다. 직장인들이 회의가 비효율적이라거나 회의가 필요 없는 이유로 꼽는 것 중, 가장 큰 이유가 회의에 목적이 없다는 것이다. 당연한 일이다. 목적이 없는 회의라니. 목적이 없는 회의에서 효율성을 기대한다는 것 자체가 우스꽝스러운 일인데, 회사라는 공간에서는 이런 얼척없는 일이 꽤 많이 일어나고 있다.

회의시간을 정할 것

회의에서 직원들이 불만을 가지는 세 가지 포인트가 있다. 첫째, 회의시간이 너무 길다는 것이다. 둘째, 회의를 시작하고 마치는 시간이 잘 지켜지지 않는다는 것이다. 셋째, 회의가 끝나는 시간을 종잡을 수가 없다는 것이다. 즉, 이 세 가지는 비슷하지만 다른 말이고, 다른 말이지만 같은 말이기도 하다. 결국 직원들의 불만은 회의시간을 지켜달라는 것과 시간을 예측가능하게 사용할 수 있게 해달라는 것이다. 이것만 정확히 해도 직원들의 불만이 꽤 많이 사라진다. 시간에 대한 부분은 팀원들과 함께 규칙을 정하고 지킬 필요가 있다.

정하는 것보다 중요한 것은 지키는 것이다. 규칙보다 유연성이 앞서면 규칙이 세워지지 않기 때문이다. 사안에 따라 30분 회의, 50분 회의, 브레인스토밍, 끝장 토론으로 구분해서 특정할 필요가 있다. 회의가 언제 시작해서 언제 끝날 것인지를 명확하게 해주어야 팀원들은 자신의 업무 일정을 조율할 수 있다. 팀장은 정해진 시간 안에서 회의를 운영해야 하고, 팀원들은 이 시간 안에 끝날 수 있도록 적극적으로 참여하게 만들어야 한다. 규칙을 정해놓고도 규칙을 지키지 않으면 회의의 효율성은 변하지 않는다. 하지만 규칙이 일반화되면 회의의 질은 자동으로 올라간다. 이것이 원칙을 가진 회의의 힘이다.

꼭 필요한 사람만 참석시킬 것

회의에 참석하는 모든 사람은 존재감을 가지게 만들어야 한다. 회의가 끝날 때까지 한 마디도 참여하지 않는 사람이 있다면, 리더는 어떤 식으로든 상황에 참여하게 만들어야 한다. 단, 강압에 의해서가 아니라 회의 운영 능력을 통해 자연스럽게 참여하게 만드는 것이 좋다. 자유롭게 의견을 말하는 분위기도 침묵하는 분위기도 다른 팀원에게 전파되기 때문이다. 하지만 팀원이 발언하지 않는 이유가, 회의에 참석할 필요가 없는 팀원을 참석시킨 이유라면 향후에는 개선이 필요하다.

분위기는 분위기대로 질을 낮추면서 애먼 직원의 시간까지 허비시키는 일이기 때문이다. 효율성을 만들어야 하는 주체인 팀장에 의해 시간 낭비를 만드는 것은 매우 비효율적인 일이다. 다시 말하지만 회의에는 꼭 필요한 사람만 모이게 하는 것이 정석이다. 업무의 관여가 없지만 돌아가는 상황을 알아야 한다면 회의 참석 말고도 공유할 다른 방법을 찾고, 그런 방법을 활용하는 것이 효과적이다. 업무에서 불필요한 시간을 줄이는 것과 불필요한 일을 줄이는 것은 팀의 경제성을 만드는 중요한 일이다.

회의 주제와 시간은 사전에 공지할 것

회의 전에 'to do list'를 만들었다면, 회의 전에 그 내용을 회의 참석자 전원에게 공유해야 한다. 누군가 또 다른 전달자를 만드는 것보다는 팀장이 직접 공유시키는 방법이 가장 좋다. 여기서 말하는 공유란 직원들이 업무 일정을 조정해서 회의에 당연히 참석할 만한 시간, 회의에 참석해서 할 발언을 생각할 시간, 참석해서 사용할 자료를 챙길 시간에 대한 틈을 충분히 제공해야 한다는 것이다. 회의 내용과 중요도에 따라 3시간

전, 6시간 전, 1일 전, 1주일 전 등을 정하면 된다.

　여기서 중요한 것은 팀원들은 너무 일찍 알려주면 잊어버리고, 너무 늦게 알려주면 투덜거릴 이유가 많아진다는 것이다. 사전에 공지한 회의라 해도 시간의 텀이 길면 중간에 한 번쯤 다시 확인시켜주는 절차가 필요하다. 그리고 회의를 공지하는 방법은 일정한 규칙을 가져야 한다. 한 번은 직접 말로 하고, 한 번은 이메일로 통보하고, 또 한 번은 카톡으로 하고, 그 다음에는 또 다른 방법으로 통보하면 회의 일정과 내용을 공유하는 의사소통에 오류가 생길 여지가 많다. 매번 다른 방법으로 지침을 주면 소통에 실수와 장애가 생기고, 직원들의 피로도를 높인다.

　예를 들면, 회의를 잊어버리고 있다가 급하게 챙겨야 하는데, 회의 전달을 어떤 방법으로 받았는지 헷갈리면 내용을 찾다가 볼 일 다보는 것이다. 여러 가지 업무에서 직원들이 팀장을 잘 따라오게 만드는 것은 직원들의 편의성을 높여주는 것이다. 직원들에게 제공하는 업무적 편의는 결국 팀장에게 가장 큰 이익을 줄 거라는 믿음, 팀장에게는 그런 믿음이 필요하다.

11.

회의 잘하는 팀장의

to do list 2

: 회의는 회의답게

회의를 회의답게 할 것

직원들이 회의를 의미 없는 시간으로 여긴다면, 그건 리더의 잘못이다. 회의시간을 무의미하게 만들었기 때문이고, 직원들의 시간을 낭비시켰기 때문이고, 회의를 제대로 준비하지 않았기 때문이다. 자신에게 책임이 있다거나 문제가 있다고 말하는 것을 불편해 하는 리더가 있겠지만 리더의 실수인 건 부인할 수 없는 사실이다. 회사에서 발생하는 문제 중에는 상사, 상사의 상사, 경영자의 책임이 아닌 경우를 찾는 것이 더 어렵다.

세상이 바뀌었다고는 하지만 여전히 회사라는 공간은 리더에 의해 리더의 방법으로 발전하거나 망해간다. 팀장은 팀의 회의를 회의답게 이끌어야 할 책임과 의무가 있다. 적어도 팀원들이 회의 자리에서 코나 후비적거리고 있거나, 멍을 때리거나, 스마트폰이나 만지작거리는 회의를 만들지는 말아야 한다. 만약 회의에서 이런 행동을 리더가 하고 있다면 그건 회생불가한 회의시간이라고 생각해도 좋다.

'팀원들은 왜 회의를 무의미하게 생각할까?'
'나는 왜 회의를 무의미하게 생각했었나?'
'좋은 회의를 만들 방법은 없을까?'

이런 것들은 리더에게 필요한 생각이어야 한다.

내가 만난 리더 중, 회의시간을 가장 잘 활용했던 사람은 신 팀장이었다. 신 팀장은 회의를 매우 중요하게 취급했다. 회의 시간을 중요하게 사용하기 위해 팀원들에게도 회의의 중요성을 자주 공유했다. 자신뿐만 아니라 회의에 참석하는 직원들의 시간을 소중하게 여겼다. 회의시간은 가능하면 직원들과 조율했고, 부득이 조율하지 못할 경우라 하더라도 3~4시간 전까지는 회의시간을 알리고 회의 주제, 참석 대상, 논의하고자 하는 내용, 얻고자 하는 결론까지 세세하게 공유했다. 오전 회의가 있는 날의 경우는 전날 퇴근 전까지 내용이 공유되었다. 신 팀장은 이 원칙을 깬 적이 거의 없다. 거의 없다는 건 있기는 했지만, 있다고 느끼지 못할 만큼이라는 것을 의미한다.

신 팀장의 회의는 언제나 격렬했다. 회의할 때만큼은 직책이나 직급에 의미를 부여하지 않았다. 회의 참석자는 모두 '1/n'만큼의 지분을 가지게 했다. 자유롭게 의견을 주고받았고, 의견 교환에 대해서는 조금 언성이 높아져도 제어하지 않았다. 하지만 항상 회의시간은 50분을 넘기지 않았고, 결론이 있었다. 회의에서 결정된 사항에 대해 역할분담이 명확했고 마감 시한을 정했다. 그리고 의견을 가장 치열하게 낸 사람에 대해 커피쿠폰을 선물로 제공하기도 했다. 회의록은 직접 작성해서 팀원들에게 공유했다. 꽤 큰 팀이고 하급자에게 지시해도 될 한 것임에도, 회의나 업무 진행사항과 관련된 것들은 모두 직접 챙겼다.

신 팀장의 팀은 다른 팀에서 각별하게 보기에 부족함이 없었다. 일단 팀원들의 개성이 강했고 의견 충돌은 빈번했지만, 분쟁으로 발전한 경우는 없었다. 의견충돌도 회의할 때만 존재했다. 바쁜 일이 많은 팀이었지만 일사불란하게 움직였고 팀의 퍼포먼스가 매우 좋았다. 신 팀장의 회의 원칙은 '의견교환은 치열하게하고, 결정한 것은 무조건 따른다.'는 것이었다. 회의 때 발언하지 않고 있다가 회의가 끝나면 발언을 시간하는 사람이 꼭 있는데, 신 팀장의 팀에는 그런 일이 없었다. 있었지만 없어진 것이다.

회의에 대한 책임감을 가지고

팀원들에게 회의 참여를 아무리 요구해도 "직원들이 발언을 하지 않습니다."라고 말하는 리더를 자주 경험한다. "팀원들에게 어떤 부담도 주지 않았고, 자유롭게 발언하게 했고, 편안하게 대해주는데 왜 발언하지 않을까요?"라고 말하는 리더들에게 해주고 싶은 말은 "진짜요? 거짓말은 아니구요?"라는 말이다. 회사에서 높은 자리로 갈수록 잊어버리는 것이 있는데, 회사에서 발생하는 모든 문제에는 원인이 있다. 그것이 어떤 문제이든 문제에서 원인을 빼고 생각하면 직원들의 문제점과 잘못된 점만 보게 된다. 팀원들이 회의에 참여하지 않는 것은 분명 이유가 있다.

만약, 자유롭게 발언하라고 했다면 어떤 의견에도 면박을 주거나 제어하지 않아야 하고, 직급에 따라 가진 발언의 힘에 차별이 없어야 한다. 모든 발언은 다 해도 되지만 "그건 빼고!"라는 말이 단 한 마디라도 들어가 있다면 그건 자유로운 분위기가 아니다. 팀원이 발언하는데 리더가 인상을 쓰거나, 코를 후비거나, 핸드폰을 만지작거리면 그건 자유로운 분위기가 아니다. 리더가 회의를 회의답게 하겠다고 결정만 하면 회의는 얼마든지 치열해질 수 있다. 그건 팀 회의든, 임원 회의든, 경영자 회의든 별반 다르지 않다.

이건 리더십과 관련이 깊은데, 상사가 카리스마 리더십을 가진 조직일수록 구성원들은 말을 아낀다. 아니면 말을 한다 해도 리더가 원하니까 의미 없는 의견을 말하거나, 리더가 듣고 싶은 의견을 들려줄 뿐이다. 해치지 않을 테니까 말하라고 해도 해칠 것을 알기 때문에 말하지 않는 것이다. 이런 조직은 까라고 하면 조용히 깐다. 이런 조직의 구성원들은 회사가 잘 나갈 때는 예스맨이지만 회사가 어려워지면 싸움닭으로 변신을 한다.

치열하게 토론하고

팀원들과 치열하게 대화하고, 집단지성을 찾고, 합리적인 의사결정을 하는 일에 회의만큼 좋은 수단은 없다. 모든 것을 열어놓고 논의하면 실수를 줄이고 좋은 결정을 할 수 있다. 하지만 이런 분위기를 경험해보지 않은 팀장이라면 자유로운 의견 교환에 부담을 느끼게 된다. 자연스러운 일이지만 이것을 뛰어넘을 수 있다면 팀을 좀 더 좋은 방향으로 이끌고 자신의 실력도 키우는 기회로 작용하게 될 것이다. 격 없는 토론문화를 만들다 보면 때로는 갈등이 생기는 것처럼 보이기도 하고, 실제로 갈등이 생기기도 한다.

이런 분위기를 경험해보지 못한 팀장들은 당황하기도 하고 제약 조건을 걸기도 한다. 일정한 훈련이 필요한 일인 건 맞다. 하지만 무엇보다 이런 분위기를 적극적으로 끌어낼 용기를 가져야 한다. 이런 과정이 자연스러워지면 회의에서 나오는 의견도 질이 높아지고, 의견을 말할 때 구성원들의 주장도 더 논리적으로 변해간다. 팀장으로서도 팀의 집단지성을 통해 좀 더 객관적이고 합리적인 의사결정을 할 수 있게 되기 때문에 이익이 많은 일이다.

치열한 토론문화를 만든다는 것이 생각처럼 쉬운 일은 아니지만 이 부분에 대해서는 팀장의 노력과 시간을 투자할 만한 가치가 있다. 이 책의 다른 부분에서 몇 번 언급했지만 회사의 구성원들이 입을 닫거나 말을 아끼는 것은 안전이 보장되지 않기 때문이다. 회의 주관자가 높은 직급에 있거나, 본인에 대한 위력의 가졌거나, 리더의 나이가 많거나 부담스러운 조건이 늘어날수록 입을 닫게 되는 것이다. 심지어는 리더의 나이가 어려서 말을 잘 하지 않기도 한다.

하지만 고요한 회의문화를 타파하지 못하면 발전적 팀의 문화를 만들기는 어렵다. 회의에서 결정한 내용에 동의하지 않으면서 공감을 표시하기도 하고, 반대 의견이 분명하거나 결정 사항에 대한 치명적인 문제점을 알고 있음에도 침묵으로 일관하기도 한다. 이건 우리 문화가 가진 장점인 예절, 단점인 연공서열문화 때문이다. 결국 치열한 의견을 끌어내는 건 솔직한 의견을 말해도 괜찮다는 믿음이다. 치열한 회의를 원한다면 토론할 때 팀원의 의견에 딴지 걸지 말고, 팀원들끼리도 딴지가 아닌 의견을 주장하도록 하고, 결정된 이후에는 무조건 'GO!, 딴지 금지!'라는 원칙을 분명히 할 필요가 있다.

의사결정은 팀장이, 결정은 단호하게 할 것

리더의 의사결정은 신속하고 단호해야 한다. 팀원들에게 결정을 위임했다 해도 결정하는 순간에는 팀장이 선언해야 한다. 그것이 팀원들로 하여금 결정에 대한 확신을 갖게 만들기 때문이다. 간혹 팀원들에게 결정권을 주는 모습을 취하면서, 문제가 생길 경우 면피의 수단으로 활용하는 상사들이 있는데, 몹시 저열한 일이다. 치열하게 토론을 했더라도 결론이 없거나, 리더가 책임회피용으로 결정을 미루거나 하면 팀원들은 정서적 수렁에 빠지게 된다.

예를 들어보자. "자, 그럼 결정은 어떻게 하는 것이 좋을까요? 여러분들이 치열하게 논의하였으니 결정권도 드리겠습니다. 어차피 여러분들이 책임질 거니까 여러분들이 결정하세요." 격론을 벌인 회의를 끝내고 팀장이 이런 식의 발언을 하면 팀원들은 짜증스러워진다. 회사생활이 장난이 아니듯 회의도 장난이 아니다. 그리고 장난이 아니어야 한다. 팀원들끼리 결정을 한다고 해도 결정에 대한 최종 승인은 팀장의 권한이고, 팀장은 그 권한을 행사해야 한다.

아니면 팀원들은 팀장에 대해 끊임없이 의심하고 반감을 가지게 된다. 이런 건 팀원에 대한 배려가 아니라 팀장으로서 미필적 책임회피다. 리더의 의사결정은 빠르고 단호해야 한다. 그것이 잘못된 의사결정보다 리스크가 적다. 팀장의 결정이 미적대면 팀원들도 미적거리지만, 팀장의 결정이 단호하면 팀원들도 단호하게 움직인다. 이것이 조직의 생리다.

업무분장은 분명하게

의사결정의 끝은 언제나 역할배분까지다. 의사결정은 했지만 역할분담이 명확하지 않으면, 회의가 끝나고부터 분란이 시작된다. '이건 내 업무가 아닌데, 이건 내가 이건 네가, 이건 후배들이 해야지!' 같은 일이 공중에 떠다닌다. 간혹 업무의 협업을 위해 담당을 애매하게 교차시키는 경우가 있는데, 이런 경우라면 주/부를 정해주는 것이 옳다. 업무에 대한 배분을 하지만 책임을 애매하게 만드는 것은 바람직하지 않다.

일단은 A 업무 손예진, B 업무 현빈, C업무 아이키를 명확하게 정해주어야 한다. 잘하는 것보다 중요한 것은 분란을 여지를 줄이는 것이다. 마감 시한이 필요한 일이라면 마감 시점을 정하는 것은 당연한 일이다.

12.

회의 잘하는 팀장의

to do list 3
: 회의에도 원칙이 필요하다

회의에서 결정한 것은 함께 지킬 것

어떤 조직이나 회의가 끝나면 결정에 이의를 제기하는 사람이 꼭 있다. 회의할 때는 입틀막을 하다가 회의가 끝나면 쏟아내기 시작하는 특이한 캐릭터들이다. 이때 팀장의 입장은 명확하고 단호해야 한다. 결정한 것은 그대로 따르게 하고, 앞으로 이견이나 의견이 있다면 회의 자리에서 꼭 발언하도록 분명하게 선을 그어주어야 한다. 토론할 때는 치열하게 만들 필요가 있지만, 결정하고 난 이후에 의견을 제시하고 문제를 반론하는 분위기가 가진 장점은 없다. 이런 일에 팀장이 일희일비하면 다음 회의부터는 치열함을 잃게 되고, 회의 결정사항도 중요성을 잃어버리게 된다. 하지만 모두에게 원칙이 되고 팀장의 밀어붙이는 힘이 강력하다면, 회의는 더 치열해질 것이고 팀장의 결정도 힘을 가지게 된다.

회의 규칙을 정할 것

회의에 관한 세 가지 규칙은 분명히 하는 것이 좋다.

첫째, 시간에 대한 규칙이다. 30분에서 50분 사이에서 업무의 상황에 맞게 정하면 된다. 중요한 것은 50분을 넘기지 않아야 한다는 것이다. 시간을 정하는 것의 유익은 두 가지다.

한 가지는 시간에 대한 효율성을 기할 수 있다는 것이고, 다른 한 가지는 회의 시간에 대해 예측이 가능하면 다른 업무에 지장을 주지 않는 것이다.

둘째, 토론에 치열하게 참여하게 하는 것이다. 이 부분에 대해서는 어떤 의견도 제어하지 않겠다는 약속과 안전을 보장해야 한다. 이것이 보장되지 않으면 팀원들은 영화관 회의를 하게 되고 점점 입을 열지 않게 된다.

셋째, 결정하면 따라야 하는 것을 원칙으로 정해야 한다. 회의에서 발언하지 않던 사람이 회의가 끝나면 결정사항에 반기를 드는 사람이 생기는 것은 규칙이 제대로 작동하지 않기 때문이다. 꼭 지켜야 하는 규칙이 있다면 공표하고, 지키게 하고, 팀장도 지켜야 한다. 예외가 많아지면 이 원칙은 무용지물이 된다. 규칙을 정하되 서로 지킬 수 있는 것이어야 한다. 회의 규칙은 한 번 공유되면 매번 공유하지 않아도 될 만큼 강하게 어필되어야 한다. 회의에도 융통성이 필요하지만 원칙이 없는 유연성은 무질서일 뿐이라는 것을 기억해야 한다.

> **회의를 치열하게 만드는 4가지 조건**
> - 회의 목적 공유
> - 필요한 사람을 참석시킨 회의
> - 비난 금지
> - 의견을 나눌 때는 치열하게, 결정은 단호하게

회의록을 기록하고 공유할 것

회의록을 기록으로 남겨야 하는 이유는 두 가지다. 하나는 업무 진행사항을 확인하기 위해서이고, 다른 한 가지는 서로 같은 내용을 공유했는지 확인하기 위해서다. 함께 회의하고 같은 내용을 기록하지만, 이 기록이란 것도 사람에 따라 편집이 되어 내용이 달라지기도 한다. 분명 같은 내용으로 같이 회의를 했는데 자신들의 이해와 상황에 의해 왜곡이 생기기도 하는 것이다. 이런 것이 시간이 지나면 "어, 팀장님이 회의 때 A라고 하셨어요, 팀장님이 저한테는 B를 하라고 하셨는데요." 같은 딴소리를 듣게 된다.

팀원들의 거짓말 때문이라고 생각하는 것은 오해다. 회사라는 곳에서는 서로의 이해관계가 만든 오해가 종종 발생한다. 듣고 싶은 것만 듣는 경우가 많다. 나에게 필요한 말은 잘 들리고, 나에게 불필요하다고 생각하는 말은 잘 들리지 않기 때문이다. 회의 내용을 진행하고, 체크하고, 결과를 만들기 위해 기록보다 유용한 것은 없다. 그리고 회의에 결정된 것을 추적관리할 수 있는 가장 적절한 사람이 팀장 자신이다. 회사의 규모가 클수록 회의록 작성은 하지만 이 중요한 의사소통 기록을 막내 직원이나 신입사원에게 시킨다. 주고받은 내용을 제대로 이해하지 못해서 왜곡되는 부분이 생기는 원인이다. 이렇게 기록했더라도 다음 회의 때까지 기록을 쳐다도 보지 않는다면 기록조차도 의미가 줄어든다.

나는 한때 부서와 부서 사이에 업무와 관련한 이슈나 분쟁이 발생했을 때 업무조정역을 했었다. 부서의 책임자인 장들을 모아 회의를 소집해서 협의하고 조정하는 과정을 통해 합의를 이끌고 업무를 조정했다. 이런 문제가 생기는 것은 단순한 문제들이 아니다. 부서와 부서 사이의 분쟁, 부서장과 부서장의 관계 트러블, 이쪽 팀원과 저쪽 팀원들의 부딪침 등 여러 가지 고려해야 할 요소가 많다. 업무적으로도 관계로도 첨예한 대립이 있는 경우가 많기 때문에 언성이 높아지는 일도 적지 않았다.

나는 이런 회의를 할 때, 모두의 동의를 통해 녹취하고 결정한 사항을 녹취를 통해 재확인했다. 사람의 기억이란 항상 왜곡이 있다고 생각하는 이유였다. 그런데 특이한 것은 서로 결정한 사항을 정리해서 이메일로 사전에 확인절차를 거치고 서명을 받으려고 하면, 꼭 딴 소리를 하는 사람이 있었다. 이때 크게 문제없이 업무조정을 할 수 있었던 건, 정리한 내용을 이메일 등으로 확인하는 절차를 거쳤고 녹취록을 확인시켜 줄 수 있었기 때문이었다. 기록과 공유가 이렇게 중요하다.

회의 내용을 기록하고 관리하는 것은 팀장에게 가장 큰 이익을 제공한다. 다른 사람에게 맡기는 것이 아니라 팀장이 직접 관리해야 하는 이유다. 이런 팀장의 노력은 육하원칙으로 소통해도 오류가 생기는 회사라는 공간에서 소통의 오류를 줄이게 된다. 결정사항과 지시사항을 재확인해주고, 틀린 것이 있다면 빠르게 정정해서 공유할 기회를 얻게 된다. 무엇보다 결정이나 지시에 대한 확실한 근거를 남기게 된다. 모든 일에 책임을 회피하고 자기변명을 하는 직원도 팀장이 업무를 정확하게 챙기는 모습을 보면 업무에 대해 철저한 모습을 보인다. 회의록은 팀장 스스로 기록하는 것이 가장 좋지만, 직원을 시켜야 하는 경우에도 진행사항을 확인하고 챙기는 것은 팀장의 몫이어야 한다. 중요한 건 회의로 인해 팀원들의 업무를 가중시키는 것은 철저하게 지양해야 한다는 점이다.

회의에 관한 주의사항

"벌써 퇴근 시간이 지났네. 잠깐 회의 좀 합시다. 다 모여보세요."

 퇴근 무렵에 소집하는 회의는 어떤 경우도 팀원들의 좋은 감정을 끄집어내기 어렵다. 이런 회의는 팀원의 뇌, 전두엽에 전달되어 분노를 유발시킨다. 팀원들을 작정하고 괴롭힐 것이 아니라면 리더의 이런 행동은 자제해야 한다. 팀원들에게 부정적인 영향을 너무 많이 끼친다. 팀장의 회의는 계획적이고 치밀해야 한다. 팀원들은 생각보다 여러 관점에서 팀장의 신뢰를 평가한다. 팀장의 일이 주먹구구식이면 신뢰는 없다. 부득이 퇴근 무렵에 회의를 해야 한다면 팀원들에게 사전에 공유해서 회의 의도나 시간을 예측할 수 있게 해야 한다. 이런 절차가 전제되지 않은 회의는 언제나 직원들의 극혐을 자극한다.

 회사나 팀에 긴박한 사정이 있는 경우 언제든 긴급회의를 소집할 수 있다. 지극히 당연한 일이다. 하지만 시도 때도 없이 회의를 소집하거나, 퇴근 시간에 퇴근하려는 사람을 불러 모아서 '세월아 네월아 시간 때우기'를 하면 직원들은 점점 불만덩어리로 변해간다. 무서운 건 진짜 급해서 불러모을 땐 이런저런 이유로 회의 참석도 하지 않고 지시도 잘 따르지 않게 된다. 뭉쳐야 하는 순간에 모래알처럼 흩어져 버린다. 팀장이니까 아무렇게나 해도 되는 팀장 놀이에 빠져서 정신을 못 차리면 정작 팀장의 권한을 사용해야 하는 순간에 먹히지 않아 바보가 되는 신박한 경험을 하게 될 것이다.

회의에서 직원들을 무례하게 만드는 4가지 행동

- 공지한 회의시간보다 항상 2~30분 늦게 나타나는 것
- 회의 공지 자체를 잊어버려서, 직원들이 찾으러 가게 만드는 것
- 회의 도중에 핸드폰을 카톡을 주고받거나, 사적인 통화를 하는 것
- 아무 의견이나 편하게 말하라고 해놓고, 다른 의견이 나오면 인상 쓰는 것

데스크 어드바이스!

회사에서 벌어지는 일 중 가장 필요한 시간이 회의하는 시간이고,

가장 불필요한 시간도 회의라는 시간이다.

Chapter Joker

팀의
테러리즘
방지를 위한

To do list

Chapter Joker

1.

팀원의 '역린'은 건드리지 말 것

사람은 누구나 건드리면 폭발할 만한 지점을 하나쯤 가지고 있다. 어떤 사람은 상처이기도 하고 어떤 사람은 약점이기도 한데, 이것을 두고 역린이라고 부른다. 이 부분을 건드리면 상대는 수치심이나 모멸감을 느끼게 되고, 자신에 대한 방어기제로 공격성을 띠게 된다. 문제는 의도한 공격성이 아니기에 조절이 되지 않고, 일정한 시간 동안 이성적 판단을 마비시킨다는 것이다. 행동의 근원이 본능적인 자기방어 기저에 의한 반응이므로 제어가 어렵다.

　이 부분을 조심해야 하는 건 비단 회사에서 뿐만이 아니라 모든 인간관계에 적용된다. 생각 없이 건드렸다가 상대를 또라이로 만들고 건드린 사람은 더러운 꼴을 당할 수 있다. 이건 서로가 비참해지는 일이다. 팀원 입장에서는 아픈 부분을 건드리니까 본능적으로 반응하는 것뿐이지만, 팀장 입장에서는 보는 눈도 있고 팀원이 선을 넘으니까 오히려 언성을 높여서 주저 앉혀야 하는 아이러니한 상황이 될 수 있다.

　모든 인간관계에서 '역린'을 이해하지 못하면 서로 '개또라이'를 만나게 되는 것이다. 회사라는 공간이 직급에 따라 상하관계가 있다고는 하지만 '역린'은 권한과 예절을 벗어나게 만든다. 이 부분은 팀장도 지켜줘야 하고, 팀원도 지켜야 하는 인간관계의 기본이다. 반대로 팀원이 선을 넘는다면 분명하게 'STOP!'을 외쳐서 멈추게 해야 한다.

"아무리 상사지만 너무 함부로 대하시는 거 아닙니까?"
"내가 당신한테 애정이 있으니까 격 없이 말도 하고, 장난도 하고, 쓴소리도 하는 거야."
"저는 상대를 전혀 고려하지 않은 상무님의 그런 행동이 너무 불쾌합니다. 선은 지켜주시죠."
"말했잖아. 애정이 있어서 그런 거라고. 만약 내가 당신을 아주 정중하게 대한다면 아무 애정도 관심도 없는 거야. 기분 상했으면 잊어버려. 내가 말은 막 해도 뒤끝은 없어."

최 상무가 많이 사용하던 말이다. 최 상무의 밀어붙이는 힘이 경영자의 인정을 받았고, 그 능력으로 임원까지 승승장구했다. 카리스마가 작렬한 사람으로 직원들을 일사분란하게 움직였고, 일을 하면 반드시 성과를 냈다. 하지만 행운은 딱 거기까지였다. 임원이 될 때까지는 입지전적인 인물로 평가되었지만, 임원이 된 후에는 경영자에게도 직원들에게도 외면을 당했다. 일사분란하게 조직을 움직인 것이 아니라 일사분란한 것처럼 보인 것이고, 탁월해보였던 업무의 성과가 누가 해도 할 수 있는 정도였다고 평가가 바뀌어버렸다.

이런 평가의 반전이 생긴 이유는 한 가지다. 최 상무가 직원들을 움직여서 낸 성과가 직원들의 역린을 건드리고 채찍질하는 방식으로 이루어진 것들이었기 때문이다. 이것을 경영자가 파악했고, 그렇게 만들어진 성과는 조직에 독이 된다는 사실을 회사가 알았던 것이다. 이런 방식의 리더십은 더 이상 먹히지 않는다. 세상이 변했다. 그리고 사람이 변했다. 여전히 이런 방식의 리더십은 다양한 형태로 여러 집단에 존재하지만 결국 경쟁에서 이기지 못한다. 실력 있는 사람들이 이런 조직에 남지 않기 때문이다.

결국 최 상무가 선택한 역린을 건드려서 성과를 쥐어짜는 방식은 단기적으로 먹히는 듯 했지만, 시간이 흐를수록 조직 문화에 독으로 녹아들었던 것이다. '역린'은 그 누구라도 건드리는 안 된다. 상사든 부하직원이든 마찬가지다.

데스크 어드바이스!

팀원들의 약점과 트라우마를 아는 것이 중요하고, 지켜주는 것이 중요하다.

내 약점과 트라우마를 아는 것이 중요하고, 지켜주는 것이 중요하다.

2.

개인적 감정과 함께 출근하지 말 것

팀원 : 팀장님, 안녕하세요. 좋은 아침입니다.

팀장 : C발 지금 시간이 몇 시인데, 이제야 출근하고 지랄들이야.

팀원 : 팀장님, 지각 아닌데요.

팀장 : 지금 나한테 말대꾸하냐?

팀장 : 야, 이 대리 너 어제 내가 시킨 거 다 했어?

팀원 : 그거 어제 퇴근 시간에 지시하셔서 제가 3일 후까지 보고드린다고 했는데요.

팀장 : 뭔 개소리야. 지금 빨리 가져와.

팀원 : 아직 못했는데요.

팀장 : 지금 나랑 장난하냐? 한번 해보자는 거야? 내가 빨리하라고 했어? 안 했어?

팀장 : 야! 김 대리, 너 내가 이 대리한테 빨리 끝내라고 하는 거 들었어? 못 들었어?

팀원 : 저는 그때 그 자리에 없어서 못 들었는데요.

팀장 : 야! 하 과장, 너는 C발 후배들 교육 어떻게 시키는 거야? 진짜 이따위로 할래?

팀장 : 너희들, 이런 식으로 하면 C발 진짜 가만히 안 놔둔다.
팀원 : …

팀장 : 오늘 야근할 테니까 다들 그렇게 알아. 알았어?
팀원 : 저는 오늘 중요한 일이 있어서 야근이 좀 어렵습니다. 죄송합니다…
팀장 : 야, 지금 장난해. 회사 일이 중요해? 개인적인 일이 중요해? 누구는 개인적인 일이 없어서 야근하는지 알아?

　김 팀장은 집에서 부부싸움을 하게 되면 영락없이 그 감정을 회사에 함께 출근한다. 그런 날이면 김 팀장이 회사에 가장 일찍 출근해서 가장 늦게 퇴근하는 날이다. 분명 부부싸움을 한 사람은 팀장인데, 부부싸움으로 인해 감정이 피폐해지고 기를 뺏기는 것은 언제나 직원들의 몫이다. 상사의 감정놀음에 휘둘려야 하고 말도 안 되는 억지에, 전혀 맥락 없는 야근까지 해야 한다면 직원들의 전투력은 어떤 상태일까? 여기에 더해 팀장의 집에 부부싸움이 이틀 걸러 한 번씩이라면, 직원들의 감정은 어떤 상태에 놓이게 될까?
　나는 위와 같은 상황을 만드는 선배와 후배를 여럿 경험했다. 대체로 이런 것은 회사의 문제라기보다는 사람의 문제인 경우다. 문제는 싸구려인 사람이 많으면 회사도 싸구려가 된 다는 사실이다. 이런 대화를 나누면 두 종류의 답변을 만나게 된다. 하나는 "에이, 아직도 이런 회사가 있어요? 말도 안 돼요." 라는 대답이고, 다른 하나는 "당신이 몰라서 그러는 모양인데, 직원들이 오죽 쓰레기 같으면 팀장이 그렇게까지 하겠어?"라는 대답이다.

"팀장님, 안녕하세요. 좋은 아침입니다!"라는 팀원의 인사에는 "좋은 아침!"이라는 말 한 마디면 충분하다. 넘치지도 부족하지도 않다. 리더에게 필요한 건 상급자 놀이가 아니라 상식적인 리더십이다. 지켜야 할 선을 지켜주는 것, 넘지 말아야 할 선을 넘지 않는 것, 겨우 그 정도면 우리는 서로에게 괴물이 되지 않을 수 있다. 무엇보다 감정소모전에 사용되는 에너지를 아끼면 회사의 생존, 회사의 성장, 타사와 경쟁 등에 사용할 시간이 많아진다. 리더는 이런 스마트한 시간을 만드는 일에 승부를 걸어야 하는 사람이다.

3. 양치기 소년이 되지 말 것

팀장 : 자, 다 모여 봐. 회의 좀 하게.

팀원 : 팀장님, 지금 퇴근 시간인데요.

팀장 : 모이라면 모이지 뭔 말이 그렇게 많아?

팀원 : 네…

팀장 : 야, 오늘 재미있는 일이 있었는데 내가 말해줄게. 불라~ 불라~ 불라~ 불라~ 너희들은 뭐 재미있는 일 없었냐?

팀원 : 팀장님, 진짜 죄송한데요. 제가 일이 있어서 그러는데 중요한 일 아니면 먼저 퇴근 좀 해도 될까요?

팀장 : 당신이 지금 정신이 있는 사람이냐? 회의 중에 어딜 간다는 거야? 너, 저번에 내가 시킨 일 다 했어, 안 했어?

팀장 : 김 과장 나 좀 봅시다.

팀원 : 네.

팀장 : 대표님이 'A 프로젝트' 조사해서 보고하라니까, 빨리 조사해서 보고해.

팀원 : 언제까지 하면 될까요?

팀장 : 야, 그걸 말이라고 하냐. 급하니까 다음 주 월요일날 출근하면 책상에 올려놔.

팀원 : 네? 오늘 금요일이고, 퇴근 시간인데요. 이거 며칠 걸릴 거 같은데…

팀장 : 그래서 뭐? 못하겠다는 거야? 지금 나하고 장난하냐?

팀원 : 아니 그게 아니고, 그렇게 급한 거면 조금 일찍 말씀해 주셨으면…

팀장 : 야, 내가 당신 스케줄 맞춰서 지시해야 하는 사람이냐?

팀원 : 그게 아니라, 매번 업무 지시할 때마다 시간도 안 주시고 급하다고 하시니까…

우리가 익히 알고 있는 이솝우화 중에 '양치기 소년'에 대한 이야기가 있다. 이 동화는 양을 치던 소년이 늑대가 나타났다는 거짓말을 반복적으로 하다가, 정작 진짜 늑대가 나타났을 때 아무런 도움도 받지 못한다는 이야기다. 처음부터 사람들이 도움을 주지 않은 것은 아니다. "늑대가 나타났어요!"라고 외치는 소년의 말에 동네 사람들은 너나 할 것 없이 삽과 몽둥이를 들고 모였다. 물론 소년을 돕기 위해서였다.

소년은 이후에도 사람들에게 여러 번 거짓말을 했다. 사람들은 소년을 돕기 위해 또 모여들었지만, 소년의 거짓말이 반복되면서 이제는 진짜 "늑대가 나타났어요!"를 외치는 상황에서도 모이지 않게 된 것이다. 이건 이솝우화에나 나오는 말이 아니다. 사람은 상대가 거짓을 말해도 한두 번은 속지만 그 이상은 속지 않는다.

그리고 진실에도 거짓이라는 프레임을 씌워서 생각하게 된다. 회사에서 상사가 지시하는 일이 매번 급하고, 늘 급한 일이라면 직원들은 어떻게 움직이게 될까? 세월이 변하고 사람들이 변했다고는 하지만, 팀장이 업무에 대해 SOS를 요청하면 거절하기 어렵다. 물론 정상적인 리더십을 가진 리더에 한해서 적용이 된다. 회사라는 공간의 특성상 상사의 지시를 무시한다는 건 쉬운 일이 아니다. 그럼에도 상사의 지시가 늘 바쁘다면, 상사의 지시가 바쁜 것이 상사의 게으름 때문에 생긴 것이라면 팀원들은 상사의 급하다는 말을 믿지 않게 된다. 정작 급한 업무가 생겼을 때도 직원들은 움직이지 않는다. 분쟁을 일으키는 건 한 번이 어렵지 두 번은 쉽다.

데스크 어드바이스!

연을 날리는 것에는 바람이 필요하고,

사람을 움직이는 것에는 입금이 필요하고,

부하직원을 움직이는 것에는 신뢰가 필요하다.

4.

무작정 들이대는 팀원 잠재우기

사실 팀장은 조직에서 샌드위치처럼 중간에 끼어 스트레스가 많은 자리다. 팀을 어떻게 이끌어 가느냐에 따라 팀장은 극한 직책이 되기도 한다. 상사에게 받는 스트레스도 적지 않은데, 팀원에게까지 스트레스를 받으면 마음이 힘들고 괴로워지는 것은 당연한 일이다. 리더로서 이런 어려움을 줄이기 위해서는 적어도 팀원의 무개념에 대해서는 확고한 기준을 알려주어야 한다. 이것은 팀장을 위해서이기도 하지만 팀을 위해 꼭 필요한 일이다.

팀원의 무개념에 대해 '좋은 게 좋은 거다'라는 생각으로 가볍게 넘기거나 그런 포장된 생각을 남발하는 것은 스스로 호구선언을 하는 것이다. 문제는 이것이 다른 팀원들에게 매우 빠르게 전파된다는 사실이다. 질러대는 행동도 한 번은 어렵지만 두 번 세 번은 어렵지 않다. 한 번의 무개념을 눈감아 버리면 팀원의 무개념은 두 번, 세 번을 넘나들게 되고 한 명이 불량해지면 하향평준화되는 것도 금방이다.

잘해주면 잘해주는 만큼 스스로 잘하는 상대에게는 그만한 자격을 인정해주고 그렇지 않은 경우는 명확하게 선을 그어야 한다. 상대에게 베푼 호의가 상대의 권리로 변하는 것은 순식간이다. 이건 사람이 나빠서가 아니라 사람의 본능이다. 회사라는 공간이 가족보다 더 오랜 시간을 함께하는 곳이기는 하지만 절대적으로 비즈니스 공간임을 기억해야 한다. 공과 사의 거리가 지켜져서 문제가 되는 경우는 없지만, 지켜지지 않아 문제가 되는 경우는 꽤 많다.

무개념한 직원을 지적할 때는 세 가지 규칙을 지켜야 한다.

첫째 팀장이 문제의 당사자에게 직접 말해야 한다. 직접 말하기 불편해서 다른 사람을 통하게 되면, 때에 따라서는 팀원 간에 편이 갈리기도 하고 이간질로 변질되는 경우도 있다. 팀원에게 억울함이 있는 경우, 항변할 기회를 뺏어버리거나 오해를 풀 시간조차 박탈하게 된다. 이렇게 되면 문제 있는 직원은 무개념을 더 키우는 문제가 생긴다. 사람이 많은 자리에서 질책하는 것은 팀원을 자극하기 때문에 주의가 필요하다. 때에 따라서는 사람이 모인 자리에서의 지적도 필요하지만, 높은 수준의 기술을 필요로 하기 때문에 공부가 필요하다.

둘째, 문제점을 지적하되, 지적은 구체적이어야 하고 사실에 기반해야 한다. 팀장의 질책이 먹히기 위해서는 팀원이 자신의 잘못을 인정하게 해야 한다. 팀원이 숙응하지 않고 왜 혼나는지 알 수 없다면 혼내는 사람은 있고 잘못한 사람은 없는 무기력한 질책이 된다.

셋째, 지적할 때는 흥분하지 않아야 한다. 지적하는 사람이 흥분하면 아무리 응당한 질책에도 반감을 유발하게 되고,

자신의 잘못된 행동에 대해 합리화의 길을 열어주게 된다. 문제를 해결하려고 할 때는 '이쯤은 알겠지!' 하는 것들을 다 삭제해야 한다. 문제를 질책할 때 질책하는 사람이 흥분하면 모든 논리가 무색하게 된다. 그러나 현실적으로는 팀장의 객관적이고 논리적 지적을 해도 잘못을 인정하지 않고 들이대는 팀원들이 있다. 이때에도 객관성을 최대한 확보하는 것이 중요하다.

예를 들면, 멘토나 선배 팀장에게 상황을 설명하고 자신의 행동에 대한 조언을 구해볼 필요가 있다. 함께 상황을 알고 있는 팀원들의 의견을 들어볼 필요도 있다. 다만, 조언자나 팀원들의 의견을 듣는 과정에서 객관성이 떨어진다거나 팀원의 행동에 대한 원인 제공자가 팀장 자신이라면 그건 스스로 고치려는 노력이 필요하다.

우리 속담에 '사람은 절대로 바뀌지 않는다.'는 말이 있다. 사실 이 말은 부인하기가 어렵다. 만약 팀원 중에 인간적 됨됨이가 떨어지는 사람이 있다면, 그 사람을 바꾸기 위해 너무 많은 에너지를 쏟지 않아야 한다. 그보다는 다른 팀원들에게 긍정적 에너지를 쏟아주는 편이 훨씬 더 효과적이다. 행여라도 이런 직원을 바꾸겠다는 명분으로 매일 윽박지르거나 핏대를 세운다면 팀에 긴장감만 조성이 되고, 오히려 상대를 더 자극해서 뇌성을 키우고 싸움닭을 만든다. 팀의 분위기가 망가진다. 어려울수록 기본으로 돌아가라는 말은 이럴 때 필요한 말이다. 이럴 때는 공과 사를 정확하게 구분하고 선을 확 그어줘야 한다.

'님아! 이 선을 넘지 마라!'

다만 경고를 할 때는 여지를 주어서는 곤란하다. 분명하게 말하고, 그것을 왜 따라야 하는지 정확하게 설명하고, 따르지 않았을 때의 손해에 대해 알려주어야 한다. 이것은 주고받는 대화가 아니라 정확한 경고여야 한다. 개념 없는 직원을 상대하는 가장 좋은 방법은 스스로 생각할 수 있도록 돕는 것이다. 효과가 떨어지기는 하지만 상황에 도움이 될 만한 책을 선물하는 것도 하나의 방법이다. 사람에 따라서는 이 방법이 잘 통하는 경우가 있다.

내가 경험한 사람 중에는 편지나 글을 통해 팀원의 마음을 바꾸게 만드는 몇 명의 리더가 있었다. 글로 전한 마음은 불량한 직원의 마음을 긍정적으로 바꿨다. 이 방법을 사용하던 선배에게 굳이 이렇게까지 해야 하는지와 과연 이런 방법이 효과가 있는지에 대한 부분을 질문한 적이 있다. 선배의 대답은 명쾌했다. "효과가 있어, 그것도 분명하게 있지!"라는 말을 들려주었다. 상대가 정말 이상한 사람이 아니라면 진심이 전달될 것이고, 무개념이 확실하다면 개선의 여지가 없다는 것을 정확하게 확인하는 계기가 된다는 말이었다.

마음을 글로 전달한다고 해도 주어를 빙빙 돌리는 것은 좋지 않다. 팀원의 어떤 행동이 잘못됐고, 왜 잘못됐는지, 이런 일이 길어지면 어떤 문제가 있는지를 정확하게 짚어주어야 한다. 거기에 더해 팀장의 진심을 담아주면 최상이다. 글이 주는 장점이 하나 더 있는데, 그건 쓰면서 내 지적이 올바른 것인지 아닌지가 명확해진다는 것이다. 글은 말보다 더 정제되기 때문이다. 진부하긴 하지만 나도 이 방법을 몇 차례 사용해 본 적이 있다. 70~80% 이상은 효과적이었다.

방법의 차이는 있겠지만, 무개념하고 예의 없는 직원, 업무 지시에 들이박는 직원에 대해서는 정확하게 선을 정해주어야 한다. 질책은 단호해야 한다. 이건 잘했는데, 이건 아니지 않나 하는 식의 칭찬과 질책의 모호한 경계를 만드는 것은 상대에게 정확하게 전달되지 않는다. 삶에서 어려운 것 중 하나는 정확하게 말하는 것이다. 상대에게 싫은 말을 하기 불편해서 말을 애매모호하게 희석하는 경우가 있는데, 무개념에는 단호해야 한다.

'님아! 다시 한 번 말하는데 이 선을 넘지 마라!'

    선을 긋는다는 건 협박이나 강압을 의미하는 것이 아니다. 팀장에게 주어진 권한 내에서 위력을 사용하되 가능한 범주 내에서 지혜로운 방법을 찾아야 한다. 어떤 방법도 없다면 그땐 회사와도 심각하게 상의할 수 있어야 한다. 그리고 팀장이 가진 최후 수단에 대해서도 팀원이 알게 할 필요가 있다. 협상가들은 협상할 때, 판단을 최대한 빨리해서 상대에게 공을 던져버리는 방법을 자주 사용한다. 고수일수록 자신이 받은 공을 다시 상대에게 던지는 데 긴 시간을 사용하지 않는다. 시간이 길어질수록 내 스트레스가 늘어나기 때문이다.

    공을 내가 가지고 있을 때는 내가 숙제를 가진 사람이 되지만, 공을 상대에게 던져버리면 그때부터 문제는 상대의 숙제가 된다. 예를 들면 "팀장으로서 내가 할 수 있는 배려, 이해는 여기까지가 전부야. 하지만 당신이 이렇게 막 던지는 걸 보면 당신에게는 좀 더 좋은 방법이 있을지도 모르겠네. 당신이 팀장이라고 생각하고, 내가 어떻게 했으면 좋겠는지 해결책을 가져와. 시간을 길게 줄 수는 없으니까, 수일 내로 답변을 줘. 만약 당신이 생각한 방법이 내가 숙응할 만한 방법이 아니라면, 나는 어쩔 수 없이 이 문제를 공론화시켜 회사와 심각하게 상의할 수밖에 없어." 같은 식으로 문제 있는 팀원에게 공을 던져버리는 것이다.

상사와 부하직원, 부하직원과 상사, 동료와 동료 사이에서 예의를 잃으면 인간관계가 참 어렵다. 솔직히 사람이 됨됨이가 별로인 건 가르친다고 바뀌는 부분이 아니다. 그래서 정확한 선을 그어주는 게 중요하다. 하지만 몰라서 실수한 사람, 알지 못해서 실수한 사람, 자신의 잘못을 인정하고 돌이킬 수 있는 사람에게는 돌아올 수 있는 통로를 만들어 주어야 한다. 어디까지나 평범의 범주에 있는 사람에 한해서다. 이것은 팀장의 숙명이고 숙제다.

할 수만 있다면, 또라이는 떠나보내야 한다. 이유는 단순하다. 선한 이들을 공격하고 망가뜨리기 때문이다. 이들과 대화를 한다거나 변하게 만들겠다는 건 선을 넘는 욕심이다. 다만 떠나보낼 수 없다면, 한 개를 내어주고 한 개를 받아오는 방식을 취하는 것이 최선이다.

데스크 어드바이스!

'잘한 건 잘한 거고, 못한 건 못한 거다. 질책은 질책다워야 한다!'

그러나 늘 화나 있는 사람이 화를 내면 잘 먹히지 않는다는 사실.

무작정 들이받는 직원 중에는, 일을 모르거나 일이 두려워서 회피의 방법으로 무개념을 선택한 사람들이 있다는 것을 기억할 필요가 있다.

5.

중간에
낀 팀장의
비애도
알아줘

팀장의 길은 참 어렵고 외롭다. 원래도 어려운 직책이지만 요즘은 과거에 비해 더 어렵고 여전히 더 어려운 방향으로 가고 있다. 상명하복, 위에서 지시하면 불만이 있어도 따르던 문화가 점점 더 사라지고 있다. 이건 여전히 현재진행형이다. '현재진행형'이라는 말은, 항상 한 상태에서 다른 새로운 상태로 바뀌어 가는 과정에 살고 있다는 말이다. '현재진행형'은 동사이므로 오늘도 움직이고 있다. 사실 조직문화는 과거에 비해 좀 더 가볍고 창의적인 방향, 좀 더 자율적인 방향, 좀 더 좋은 방향으로 움직이고 있는 것이 분명하다.

하지만 사이에 낀 팀장은 여전히 상사의 업무 스타일을 소화해야 하고, 상사의 지시에 대해 팀원들이 이해하지 못하는 부분을 설득해서 끌고 나가야 하고, 팀원들의 불만이나 민원까지 감당해야 한다. 팀장의 상사는 업무에 대해 만족스럽지 않은 부분이 있거나 직원들에게 불만이 있을 때 팀장을 압박한다. 팀원들에 비해 팀장이 가까운 존재이기 때문이다. 반대로 팀원들도 경영자의 업무 지시나 스타일, 회사에 대해 불만이 있으면 팀장에게 있는 그대로 들이민다. 팀장의 상사에 비해 팀장이 더 가까운 존재이기 때문이다. 이제는 팀원들의 불만이나 불평을 팀장의 권위로 찍어 누른다고 해결되지도 않는다. 팀장의 입장에서는 '진퇴양난'인 셈이다.

팀장은 지치지 않기 위해서 적절히 스트레스 관리를 해야 한다. 이 부분을 해결하지 못해서 회사에서 병을 얻거나, 사직서를 내는 경우도 적지 않게 보아왔다. 팀장은 신이 아니다. 할 수 있는 것을 하고 할 수 없는 것은 할 수 없다고 표현할 수 있어야 한다. 조직에서 문제가 생기는 것들은 표현해서 문제가 되는 것보다 표현하지 않아서 문제로 발전하는 것이 더 많다.

유 과장은 허리가 아파서 병원을 다니고 있었다. 허리를 다친 이후 인사이동으로 사무실의 레이아웃을 바꾸는 과정에서 유 과장이 속해 있던 팀이 5층에서 12층으로 이사를 했다. 팀장부터 막내 직원까지 너나 할 것 없이 이삿짐을 날랐는데, 혼자 빠지기가 미안해서 아픈 허리를 부여잡고 같이 이삿짐을 날랐다. 다음날 유 과장은 아파서 출근할 수 없었고, 결국 디스크가 터져서 수술을 받아야 하는 상황이 됐다.

유 과장은 아픈 허리를 붙잡고 이삿짐을 날랐지만 부문장으로부터 질타를 받아야 했다. 담당하고 있던 중요한 업무를 처리해야 하는데 차질이 생겼기 때문이다. 가수가 무대에 설 때, 아나운서가 데스크에 앉을 때, 목이 아파서 쇳소리를 내거나 기침을 하면 사람들은 안쓰러워하는 것이 아니라 불편함을 느낀다. 결국 컨디션 관리는 자신의 몫이기 때문이다. 이건 상황만 조금 달리하면 여러 가지 상황에 적용된다.

아픈 건 자신만 알 수 있다. 내가 말하지 않으면 누가 알아주지 않는다. 아플 때 아프다고 말하면 상대가 알 수 있다. 업무도 마찬가지다. 동료끼리도 기한 내에 업무처리가 불가능할 때, SOS를 쳐줘야 도움을 주고받을 수 있다. 팀장은 경영자도 아니며, 신도 아니다. 힘들 때는 혼자서 끙끙거릴 것이 아니라, 팀원들과도 터놓고 이야기할 수 있어야 한다. 팀장이 팀원들을 모아놓고 징징대서야 곤란하겠지만, 힘에 부칠 때는 팀장의 힘든 부분과 애로사항도 공유하고 이해를 구하는 부분도 필요하다.

완벽한 리더가 되려고 너무 애쓰지 말고 힘들 때는 표현도 해야 한다. 그래야 팀원들도 팀장이 힘든 것을 안다. 팀원들에게도 그렇지만, 필요할 때는 상사에게도 애로를 말할 수 있어야 한다. 그래야 상사도 팀장이 힘든 것을 안다. 그런 것을 말한다고 해서 팀장에게 문제가 있거나, 문제가 생기지도 않는다. 다만 징징대는 것으로 보이는 것은 조심해야 한다. 과도하게 써먹는 것은 잃는 것이 더 많지만, 꼭 필요할 때 사용하는 것은 괜찮다. 우리는 대체로 보통의 사람들이라는 것을 기억하자. 상식적인 조직과 상식적인 사람이라면 어지간하면 상식은 통하는 법이다.

'팀장의 비애도 알아줘!'

데스크 어드바이스!

내가 말하지 않으면 팀원들은 내 어려움을 알지 못한다.

내가 말하지 않으면 리더는 내 어려움을 알지 못한다.

문제가 생긴 다음에 정말 묵묵히 열심히 했다고 말하지 말고,
문제가 생기기 전에 힘든 것을 말하는 것이 현명한 방법이다.

6.

연락 없이
잠수 타는
팀원 다루기

팀원 중에는 때때로 팀장에게 연락 없이 잠수 타는 행동을 하는 경우가 있다. 게다가 이런 행동을 반복하면 팀장의 입장에서는 미치고 환장할 노릇이다. 물론 팀의 분위기에도 영향을 끼친다. 불량한 직원들이 이런 행동을 반복하는 것은 '내가 이런 행동을 해도 별다른 일이 생기지 않는다.'라는 안전함을 느끼기 때문이다. 팀장이 화가 났더라도 시간이 지나면 금방 또 잊어버리겠지, 풀렸겠지, 같은 생각이 잘못의 반복을 만든다. 이런 경우가 반복된다면 "당신 그런 식으로 행동하면 안 돼, 그러지 말라고 했잖아!" 같은 질책의 말보다는 철저하게 무시해버리는 것이 더 좋은 방법이다.

대체로 이런 행동을 하는 사람들은 자신의 잘못을 안다. 다만 상사에게 혼나는 것으로 책임을 다했다고 생각하는 경우가 있다. 이때 질책할 거라고 생각했던 팀장이 아무런 말도 하지 않고, 아는 척도 하지 않는다면 가장 큰 피해자는 잠수를 탄 직원이다. 다만 이 방법은 단점도 같이 가지고 있고, 사용하기에 따라 오해나 파장을 불러일으킬 수 있다. 하지만 질책보다는 더 나은 방법인 것은 맞다. 중요한 것은 연락 없이 잠수를 타면 '나에게 손해가 생기는구나.'를 정확하게 인지시켜 주는 것이다.

이 과장은 회식 다음 날이면 당연한 듯이 회사에 오후에 출근하거나, 출근하지 않기도 했다. 물론 팀장의 연락이나 직원들의 연락은 받지 않았다. 그의 이런 행동은 매번 지속되는데 바뀌지 않았다. 팀장이 매번 지적하고 지적의 강도를 높이기도 했지만, 내성만 생기고 먹히지 않았다. 결국은 팀장도 지적을 포기해버렸고, 이것을 보던 다른 팀원들도 대수롭지 않게 여기게 되었다. 팀장도 크게 나무라지 않은 것은 이 과장이 팀에서 비중 있는 업무를 하는데, 업무능력이 좋았기 때문이다. 게다가 팀장은 이 과장의 빠른 승진에 도움까지 주었다. 다른 팀원들에게 이질감을 만든 것은 당연한 일이다.

　업무능력이 좋은 것과 태도가 좋은 것 중 어떤 것을 선택해야 할까? 이런 질문에서 리더들은 항상 딜레마에 빠진다. 태도도 중요하고 업무능력도 중요하기 때문이다. 정답은 없겠지만 시간이 길어질수록 태도가 나쁜 사람은 팀에 안 좋은 영향을 끼친다. 인성이 나쁜 사람에게 태도가 좋아지는 것을 기대하는 것은 어렵다. 반대로 태도가 좋은 사람은 시간을 보내면서 업무능력도 같이 발전한다. 이건 변하기 어려운 진실이다.

　몇 년쯤 지난 후에 이 과장은 승진하면서 다른 부서로 발령이 났다. 이 과장은 여전히 회식 다음 날이면 지각을 하거나 연락받지 않고, 다음날 휴가 처리를 하는 방식을 취했다. 하지만 그런 행동을 오래 지속하지는 못했다. 부서장인 박 상무의 질책이 매우 단호했기 때문이다. 이 단호라는 부분은 이 책을 읽는 사람이 스스로 생각해보기를 바란다.

이 부서의 부서장은 기본기에 대해서는 여지를 주지 않았다. 부서장이 단호했던 건, 이런 행동을 용인했을 때 잃는 것이 많다는 간파했기 때문이다. 박 상무도 이 과장의 업무능력은 익히 알고 있었다. 이 과장은 업무능력도 여전히 좋았다. 하지만 부서장은 기본기에 대해서는 분명하게 패널티를 적용했다. 적어도 이 부서에서만큼은 기본기를 넘어서는 실력은 용인을 받지 못했다.

이 과장 : 늦어서 죄송합니다. 어제 술을 많이 마셔서 늦잠을 잤습니다.

박 상무 : 그게 이유가 된다고 생각하나?

이 과장 : 죄송합니다. 다시는 실수하지 않겠습니다.

박 상무 : 벌써 두 번짼데. 됐구요. 퇴근 전까지 시말서 제출하세요. 이 행동을 또 반복하면 인사평가에 불이익을 주는 것은 물론, 인사팀에 요청해서 회사에서 할 수 있는 최선의 조치를 취할 거에요. 지킬지 말지는 이 과장이 결정하세요. 가서 일 보세요.

이 과장이 왜 달라졌는지는 매우 단순하다. 경고가 분명했고, 손해가 인지될 만큼 정확하게 전달되었기 때문이다. 회사에서 벌어지는 일 중, 팀원들이 잘 따르지 않은 것은 단호하지 않아서인 경우가 많다. 리더의 단호한 경고가 먹히지 않는 것은 오너 리스크가 크거나 회사의 조직문화가 무개념인 경우뿐이다.

때때로 잠수를 타는 직원이 상사의 질책에 내성을 갖는 것은 이유가 단순하다. 상사의 질책이 한 귀로 듣고 한 귀로 흘릴만 하기 때문이다. 견딜 수 있을 만하니까 견디는 거다. 직원의 이런 잘못된 행동에 필요한 건 '팀장이 열받았구나.'하는 감성적 느낌이 아니라, '나에게 손해가 되는구나.'라를 느낄 수 있는 확실한 경고여야 한다. '손해가 될수도 있겠다.'는 추측이 아니라 '손해가 생기는구나.'라는 손해의 확신을 주어야 하는 것이다. 윽박지름이나 공포 분위기를 조성하는 것으로는 이 행동을 바꾸지 못한다.

이런 상황에서 이해 당사자는 잠시 피하면 된다고 생각하고, 실제로도 잠시 피하면 상사가 마음을 누그러뜨리는 경우도 적지 않다. 연락하지 않고 잠수타면서 연락도 받지 않은 것은, 그렇게 해도 별문제가 없다는 것을 경험으로 알기 때문이다. 이런 분위기는 오히려 잘못 없는 직원들이 눈치보게 만들고, 잘못 없는 팀원들의 분위기를 다운시킨다. 문제를 일으킨 직원은 잠수를 타고 없는데, 잘못 없는 애먼 직원들은 다른 직원 때문에 혼나기도 하고 불편함을 느끼는 아이러니한 분위기가 된다.

여기서 질책이나 벌칙을 주는 것보다 중요한 것은 규칙을 정하고 규칙을 함께 지키는 일이다. 쉽지 않지만 한 번 문화로 자리 잡으면 그렇게 어렵지도 않다. 회사에서 정해놓은 대부분의 규칙은 상사가 지키면 팀원도 지킨다. 어떤 팀원도 같은 규칙이 적용되고 예외가 없다면 팀원은 그런 규칙을 벗어나기 어렵다. 다만, 직급에 따라 직원에 따라 친밀도에 따라 선택적 적용이 되면 그 규칙은 무용지물이다.

데스크 어드바이스!

지적이나 질책은 규칙이 정확하고 일관성이 있으면 먹힌다.

잘못해도 손해가 전혀 없다면, 질책이 먹히지 않는 건 당연한 일이다.

7.

회의 중 스마트폰에 빠진 초딩 팀원

언젠가 후배 팀장의 하소연을 들은 적이 있다. "선배, 팀원 중에 회의할 때마다 딴짓하는 직원이 있는데 돌아버리겠어요. 회의하는 내내 테이블 스마트폰을 만지작거리고, 게임을 하는지, 카톡을 하는지, 스마트폰에서 한순간도 눈길을 떼지 못하는 직원 때문에 미치겠어요. 한 번씩 지적하기는 하는데 행동이 달라지지 않고, 무슨 변명을 그렇게 늘어놓는지. 뭐라고 매번 잔소리 하자니 팀원들에게는 꼰대 같이 느껴질 것 같고, 그냥 넘기기에는 거슬리는데 어떻게 하는 것이 좋을까요?"를 물었다. 나는 이 질문에 "글쎄, 정답이 있을까? 근데 직원들은 회의할 때, 왜 딴짓을 할까?"라는 질문 밖에 할 수 있는 것이 없었다.

직원이 회의할 때 딴짓을 하는 이유를 두 가지로 추측해볼 수 있다.

하나는 회의를 시간낭비라고 여기는 경우다. 물론 철저하게 팀원의 관점이다. 팀장의 입장에서는 꼭 필요한 회의를 하는 걸 테니까. 팀원들에게 "당신들은 어떻게 생각해?"라고 묻고 의견을 듣지 않는 팀장의 '답정너' 회의가 그중 하나다. 예를 들면 의견은 내라고 하지만 "그런 말을 하지 말고, 그건 빼고, 그건 잘못 알고 있는 거야, 쓸모 있는 의견만 내라고, 그건 아니라고" 같은 말이 섞이는 회의다. 팀원들이 생각하는 가장 최악은 리더가 답을 정해놓고 자신이 원하는 말이 나올 때까지 짜증으로 몰아붙이는 경우다.

이 외에도 주제가 없는 회의, 횡설수설하는 회의, 삼천포로 빠지는 회의, 언제 끝날지 모르는 회의, 너무 잦은 회의가 그렇다. 이런 식의 회의라면 팀원들은 무조건 시간낭비로 여긴다. 회의에서 직원이 딴짓하는 원인 제공자가 팀장이라면, 팀장 스스로 변화를 주어 해결해야 한다. 회의 내용을 사전에 공유하고, 회의 배경을 설명하고, 자유롭게 의사 발언을 하게 해주는 것만으로 해결이 된다.

다른 하나는 직원의 무개념 때문에 생기는 문제인데 사실 이 부분은 해결이 쉽지 않은 부분이다. 솔직히 채용할 때부터 개념 있는 직원을 뽑는 것이 중요하다. 업무능력은 팀장과 선배들의 도움으로 '일취월장日就月將'이 가능하지만, 개념은 사회의 도움으로도 '개과천선改過遷善'을 만들기 어렵다. 불편한 말이지만 사실이다. 이런 직원에게는 약간의 기술을 사용해야 한다. 경고나 질책보다는 민망하게 만드는 방법을 사용하는 편이 낫다. 회의할 때마다 거슬릴 정도로 스마트폰을 만지작거리는 직원에게 이목을 집중시켜 버리는 것이다.

"김 대리는 어떻게 생각해요? 어떤 것이 문제고, 문제가 있다면 어떻게 하는 것이 좋을까요?, 문제가 없다면 왜 문제가 없다고 생각하나요?"
"김 대리, 스마트폰에서 뭐 좋은 아이디어를 찾은 모양인데 팀원들에게 공유 좀 해줄래요? 회의에 도움이 되는 거라면 어떤 거라도 괜찮아요."
"마침, 김 대리에게 좋은 의견이 있는 것 같은데, 의견을 말해볼래요?"

이런 상황에서 당사자에게 이목을 집중시키는 이런 방법은 경고나 질책보다 훨씬 더 효과가 크다. 잘 사용한다면 그런 불편한 행동을 고칠 수도 있다. 하지만 이런 방법을 사용할 때는 찔끔찔끔 사용하면 내성을 키우게 되기에 주의가 필요하다. 이런 대응에도 팀원이 빠뀌지 않는다면 매번 더 강하게 이목을 집중시켜 버리면 된다. 물론 이런 방법을 사용하기 전에는 해당 직원과 대화를 통해 주의를 시키고, 행동을 달리할 기회를 주어야 한다. 잘못임을 알리고 팀장이 불편함을 느낀다는 의사를 전달해서 바꾸게 하는 것이 경고나 질책보다 상책이다.
적지 않은 리더들이 사소한 문제는 사소하게 대응하거나 대수롭지 않게 넘겨버린다. 반면 큰 문제라고 느끼는 것에는 매우 격하게 반응한다. 이 방법이 틀리다고 할 수는 없지만, 반대로 생각해볼 필요가 있다. 작은 문제는 조금 더 중요하게 다루고, 큰 문제는 대수롭지 않게 바라보는 것이다. 문제가 작을 때는 작은 노력으로도 문제를 막을 수 있지만, 이미 커진 문제는 흥분한다고 해결되는 것이 아닌 경우가 많다.

어떤 큰 문제도 그 시작은 작은 문제였음을 기억해야 한다. 작은 문제를 잘 다루면 큰 문제로 발전되지 않는다. 대게 우리는 회사에서 생기는 사소하거나 작은 문제에 대응하지 않아 큰 문제를 만나게 된다. 그리고 큰 문제나 잘못은 상대도 이미 알고 있다. 자신도 잘못을 알고 있고 그로 인해 당황하고 있는 상황인데, 너무 몰아붙이면 오히려 반발력을 키우기도 한다.

팀원들이 잘못하는 일거수일투족에 팀장이 욱하거나 반응을 하는 것은 좋지 않다. 결국 꼰대 문화를 만들고 직원들의 창의와 능동성을 파괴하기 때문이다. 하지만 무개념이나 팀에 영향을 끼칠 만한 명백한 잘못이 있을 경우에는 적당한 대응을 해야 한다. 이런 일은 방치하면 꼭 문제가 된다. 가장 좋은 건 타깃을 분명하게 하고, 정확하게 지적하는 것이다. 게다가 타이밍까지 맞으면 예술이다. 핵심을 돌려 말하는 것은 직원들의 마음은 저격하면서도 정작 잘못에 대해서는 타격감을 주지 못하는 경우가 있다. 혼나야 할 사람은 자리에 없는데, 엄한 다른 직원들에게 짜증을 내는 것과 같다.

팀원이 회의 중에 스마트폰을 만지작거리는 모습을 정 참지 못할 땐, 카톡이나 메시지를 보내보자.

'김 대리, 나 팀장인데 지금 많이 바쁜가? 안 바쁘면 내가 말한 OOO에 대한 의견을 좀 말해볼래?'

데스크 어드바이스!

사소하게 작은 문제를 잘 관리하면 큰 문제로 진화하지 않는다.
반대로 큰 문제에 너무 공격적으로 반응하면 진짜 큰 문제가 되기도 한다.

8.

습관성 욕 말투 제어하기

팀원들이 팀장에게 들이대는 것은, 팀장을 공격해도 괜찮을 만큼 약한 존재로 인식하기 때문이다. 또한 상사가 있는 자리에서 말을 막 던진다거나 예의 없는 언어를 사용한다는 것은 팀장에 대해 그다지 신경 쓰지 않아도 되는 존재로 인식하기 때문이다. 이런 행동이 습관 때문이라거나 원래 자기 말투가 그렇다는 식으로 넘기는 사람들이 있는데, 그건 빈틈이 많고 근거가 빈약한 말이다.

이런 행동을 하는 것은 둘 중 하나다. 하나는 몰라서 이런 행동을 하는 경우다. 내가 만났던 팀장 중에는 팀원들이 자신의 '행동이나 말투'를 모르는 것이 말이 되지 않는다고 하는 사람이 적지 않았다. 하지만 생각보다 요즘 직원들 중에는 생각보다 자신의 행동이 잘못인지 모르는 경우가 많다. 누구에게 이런 행동이 잘못됐다는 조언을 들어보지 않았거나, 들었더라도 크게 개의치 않았다면 그걸 모를 수 있다. 이 경우, 말을 해주지 않으면 여전히 모를 것이고 앞으로도 모를 것이다.

어영부영 시간을 보내다 나중에 가서야 "왜 이런 개념 없는 언어생활을 하는 거지?"라는 질책을 던지면 지금까지 아무런 말도 하지 않다가 "뭐, 기분 안 좋은 일 있으세요?"라는 황당한 반문을 들을 수 있다. 다만 다짜고짜 "당신, 말 그따위로 할 거야!"하고 서류를 집어 던져버리지만 않는다면 물론 이렇게 까지는 하지 않겠지만, 직원의 행동을 고칠 수 있다. 이런 경우라면 진지한 대화, 진심어린 조언, 몇 번의 지적이면 충분히 고칠 수 있다. 어떤 문제든 초기의 시간, 타이밍을 놓치면 치료하기가 매우 어려워진다.

다른 하나는 자신의 습관성 욕이나 말투를 알면서 일부러 그러는 경우다. 솔직히 이 부분은 개념과 무개념의 영역인지라 크게 효과적인 방법이 없다. 사람을 바꾼다는 것이 그렇게 쉬운 일이 아니다. 가타다 다마미는 《아, 그때 이렇게 말할걸》에서 무례한 사람에 대한 대처법으로 세 가지를 말한다.

첫째, 반사하기다. 상대에게 상대가 쏜 화살을 그대로 돌려보내는 행위를 통해서 스스로 느끼게 해주는 것이다. 이건 두 가지 유익이 있는데 한 가지는 상대가 자신의 모습을 몰랐을 경우 알게 해주는 효과가 있고, 다른 한 가지는 자기가 사용하는 화법이 계속해서 신경 쓰이게 만들어 주는 것이다.

둘째, 주변 사람 다 듣게 하기다. 예를 들면 "김 대리 지금 뭐라고 했지? 혹시 아, C발 미치겠네라고 얘기한 건가?" 같은 식으로 다른 사람이 다 듣게 하는 것이다. 일종의 경고 메시지를 날리는 것이다. 아무리 개념이 떨어지는 사람도 자신의 무개념을 모든 사람과 공유하는 것에는 부담을 가지게 된다.

셋째, 화살 피하기다. 그 타이밍, 장소를 피해버리는 방법이라고 표현하고 있다.

　무개념 팀원이 팀장 앞에서 이런 행동을 하는 것은 결국 팀장을 만만하게 보거나 약하게 보기 때문이다. 팀원의 이런 행동을 모른 척 넘어가거나, 해결하려는 노력을 하지 않는 것은 착한 것이 아니고 무개념 유발자가 된다. 착한 팀장이든, 배려하는 팀장이든, 다툼을 싫어하는 팀장이든, 또 다른 유형의 팀장이든, 팀원에게 지켜야 할 선은 지키게 만드는 것은 업무의 영역이라는 것을 기억해야 한다. 이것이 팀과 다른 팀원들에게 끼치는 영향이 매우 지대하기 때문이다.

　여기서 유의할 것은 이런 행동을 하는 것은 팀원이든 팀장이든 모두 문제다. 이런 행동은 결국 상대에게 분노를 유발하고 조직을 하향평준화한다. 이런 분위기가 정착되면 분위기를 바꾸는 불가능에 가깝다. 상사가 이런 말투를 사용한다면 팀원들에게 그 어떤 리더십 기술을 사용해도 먹히지 않고, 팀원들이 이런 말투를 사용한다면 팀장의 리더십에 매우 치명적이다. 상사의 무개념은 피한다 해도 팀원의 무개념은 피하지 말고 어떻게든 해결하려는 노력을 멈추지 말아야 한다.

　"나는 직원들의 잘못을 지적할 때 직원들을 향해 윽박지르거나 힘으로 누르지 않습니다. 특히 큰 잘못, 인성 문제, 기본기가 어그러지는 문제에 대해 그렇습니다. 상사가 질러대는 질책은 앞에서는 먹히는 듯 보여도 실제는 먹히지 않기 때문입니다. 상사의 오버하는 질책은 돌아서는 순간 욕을 담은 뒷담화로 변질되기 때문입니다. 설사 먹힌다 해도 직원과 상사의 사이에 소통을 가로막는 큰 장애물이 생깁니다. 이건 이해 당사자만의 문제가 아니라 이 상황을 바라보는 직원들에게도 영향을 끼칩니다.

하지만 직원의 잘못된 문제를 그냥 넘어가면 문제를 키우게 되니 정확하게 지적은 해줘야 합니다. 내가 선택한 방법은 당사자를 불러서 30분이든, 1시간이든, 3시간이든 상대가 잘못을 알아들을 때까지 차근차근 알려주는 방법입니다. 그러면 직원은 이런 불편한 상황을 만들지 않기 위해서 최선을 다합니다."

H 그룹의 전문경영인이었던 박 부회장이 들려주었던 이야기인데, 이 방법은 꽤 잘 통하는 방법이라는 조언도 잊지 않았다. 이 방법이 먹히는 것은 이 방법이 가진 자연스러운 불편함 때문이다.

데스크 어드바이스!

상대가 잘못하고 있다면, 상대의 행동이 잘못이라는 것을 분명하게 알려주어야 한다. 잘못한 사람을 그냥 방치하는 것이 가진 단점은 너무 많다.

에필로그

상식이 통하는 리더의 힘, 'Great to Good'

팀장과 팀원은 회사라는 공간에서 직장인이라는 이름으로, 동료라는 이름으로 함께 생활합니다. 잠자는 시간을 제외하면 가족과 보내는 시간보다 더 오랜 시간을 함께 붙어 있는 것이죠. 같이 일하고, 같이 밥을 먹고, 같이 대화를 나누고 회사에서의 인간관계를 나눕니다. 리더가 이 공간에서 어떤 리더십을 펼치는지에 따라 많은 것이 달라집니다. 어떤 리더는 이 공간을 행복한 밥벌이의 공간으로 만들고, 또 다른 리더는 슬픈 밥벌이의 공간을 만듭니다.

 행복한 공간을 만드는 건 누구의 덕이고, 불행한 공간을 만드는 건 누구의 탓일까요? 정답은 없겠지만, 회사가 천국이든 지옥이든 결국 우리 모두의 합작품일 겁니다. 이왕이면 가족보다 더 오랜 시간 함께하는 이 공간이 '너와 나'로 존재하는 '따로 따로'의 공간이 아니라 '우리'라는 이름으로 공존하는 '따로 또 같이'의 공간이었으면 좋겠습니다. '너와 나'보다는 '우리'라는 단어로 뭉칠 때 할 수 있는 것이 훨씬 더 많습니다. 그리고 더 큰 가치를 가집니다.

요즘의 직장인들이 가장 좋아하는 말이 '좋은 동료가 최고의 복지'라는 말이라고 합니다. 이 부분은 리더들이 새겨 생각해보아야 할 부분입니다. 낀 세대의 팀장이라면 더더욱 그렇습니다. 회사생활에서 연봉이 높은 것은 매우 중요한 일입니다. 복지가 좋은 것도 연봉만큼 중요합니다. 내가 돈 때문에 회사를 다니는 게 아니라는 말, 내가 돈 때문에 회사를 옮기는 게 아니라는 말, 사실은 다 거짓말이죠. 하지만 돈을 넘어서는 것은 분명 있습니다. 그게 '좋은 동료'라는 황금 거위입니다. 함께 무언가를 만들고 도전하고 싶게 만드는 마음인 것이죠. 직장인에게 돈은 중요한 문제지만 멋진 리더를 만나거나 정신이 건강한 리더를 만나면, 그것으로 회사에 애착과 비전을 가지게 되기도 합니다.

이런 구성원들이 생각보다 많습니다. 결국 상사의 리더십은 물질보다 더 큰 동력을 만들 수도 있다는 것이죠. 리더십을 중요하지 않게 생각하는 사람도 있을 겁니다. 그러나 직장생활은 생각보다 긴 여정입니다. 그리고 우리가 사는 생태계는 매우 좁습니다. 결국 내가 만든 행적으로 인해 어떤 식으로든 영향을 받게 됩니다. 지금의 회사에서 승부를 걸든, 다른 곳으로 이직을 하든, 다른 곳에서 또 다른 곳으로 이직을 하든, 내가 어떤 사람이었는지 꼬리표를 달고 다니게 되는 것이죠. 사실 이건 당장 영향을 끼치지는 않지만 매우 중요한 문제입니다. 때로는 이 행적이 행운을 주기도 하는 것처럼.

아이러니하게도 회사를 퇴사하는 사람들은 적은 연봉, 별로인 복지 때문에 그만두는 경우보다 사람 때문에 힘들어서 그만두는 경우가 훨씬 더 많습니다. 조직문화도 영향이 있겠지만, 상사들의 영향이 크다는 것을 부인하기는 어려울 것입니다. 결국 직원들의 마음을 터치하는 것도, 비전을 심어주는 것도, 직원들의 개념을 건드리는 것도, 신개념 또라이를 만드는 것도 리더라 불리는 사람입니다. 팀장이라는 직책이 조직의 구성원들과 가장 접점에 있는 리더십이기에 매우 중요한 의미를 갖습니다.

여러 조사 결과에서, 다방면으로 직원들에게 가장 큰 영향을 끼치는 직책이 팀장이었습니다. 개인적 경험도 크게 다르지는 않습니다. 팀장이 팀원에게 미치는 영향력은 매우 크고 중요합니다. 부디 팀장의 시간을 소중하게 생각하고 좋은 방향으로 영향력을 키워나가기를 바랍니다.

원래 회사는 즐거움 50%와 스트레스 50%가 공존하는 공간입니다. 스트레스 1%를 빼서 즐거움으로 옮기면 회사는 천국이 되지만, 즐거움에 있던 1%를 스트레스 쪽으로 옮기면 지옥이 됩니다. 행복한 공간을 만드는 일에 필요한 노력은 단, 1%입니다. 팀을 행복한 공간으로 만들려는 팀장의 노력 '1%'는 팀장의 선택만으로도 영향력을 행사할 수 있습니다. 그리고 바꿀 수 있습니다. 조직문화의 힘은 정말 강력합니다. 팀장이 회사의 조직문화를 바꿀 수는 없습니다. 그러나 팀의 조직문화를 조성할 수는 있습니다. 그것이 회사를 바꾸는 일입니다.

구성원들이 리더에게 바라는 건 대단한 것들이 아닙니다. 그저 말이 통하는 리더, 팀원에게 책임을 미루지 않는 리더, 업무에 사적 감정을 개입시키지 않는 개념, 그저 이런 정도입니다. 이정도면 팀원을 따르게 하고 움직이기에 충분합니다. 팀은 성과를 기반으로 해야 합니다. 없던 성과는 만들어야 하고, 기존의 성과는 올려야 합니다. 적어도 어제보다는 나은 성과를 향해 달려갈 수 있어야 합니다. 아시죠? 성과라는 것이 팀원들을 다그치고 쥐어짠다고 해서 막 나오는 것이 아닙니다. 하지만 신기하게도 팀원들을 마음만 잡을 수 있다면, 팀원들은 스스로 움직이기 시작하고, 그런 팀의 분위기는 반드시 성과로 이어집니다.

관계는 언제나 양방향으로 만들어집니다. 문제는 누가 먼저 마음을 내어줄 건지에 대한 문제인데, 팀을 잘 이끌고 싶다면 팀장이 먼저 주어야 마땅합니다. 리더이기 때문입니다. 팀장이 신뢰를 주면 팀원들은 움직이게 되고, 팀장이 일하면 팀원들도 일하게 되고, 팀장이 책임을 지면 팀원들도 책임지는 모습을 보입니다. 이걸 거꾸로 하면 어떻게 될까요? 팀장이 먼저 움직이지 않으면 팀원들이 움직이지 않고, 팀장이 입으로만 일을 하면 결국 팀장과 팀원은 서로 적대적인 관계가 되는 것 밖에는 방법이 없을 겁니다. 회사라는 곳은 신기하게도, 이걸 거꾸로 하는 사람이 참 많습니다.

그래서 팀장은 팀원들을 탓하고, 팀원들은 리더를 욕하는 신박한 일을 자주 목격하게 됩니다. 팀원들에게 줄 걸 먼저 주세요. 줄 건 주고, 받을 건 받으면 됩니다. 기본적으로 회사는 비즈니스 공간이니까요. 관계는 분명히 상호작용을 하게 됩니다. 간혹 계산이 틀려지는 경우가 있기는 하지만 오차범위는 그리 크지 않습니다. 팀원들이 팀장의 지시를 따르지 않는다면 그건 분명 팀장의 계산에 오류가 있기 때문입니다. 찾아보면 분명 이유가 있습니다.

누구나 팀장이 되면 팀원들과의 사이에서 혼란을 경험하

고 여러 가지 문제를 접하게 됩니다. 이 문제를 해결하는 관점은 두 가지가 있습니다. 한 가지는 팀원들에게서 문제점을 찾는 방법이고, 다른 한 가지는 리더에게서 해결점을 찾는 방법입니다. 둘 중 어떤 것을 선택하든 당신의 자유입니다. 그 선택에 따라 과정도 결과도 전혀 다른 방향으로 전개된다는 것과 팀원들의 움직임이 달라진다는 것만 기억하면 됩니다. 어떤 것이 더 효과적인 방법인지, 어떤 것이 팀원들을 움직이기에 더 좋은 방법인지 고민하고 또 고민해야 합니다. 리더는 팀원과 생각도 행동도 달라야 합니다. 그래야 팀원들을 지킬 수 있고, 팀장을 따르게 할 수 있습니다.

예전의 선배 리더들은 부족한 리더십을 강압으로 채우기도 했습니다. 때론 말도 안 되는 억지를 부리고, 윽박지르고, 채찍을 후려대면서 직원들을 쥐어짰습니다. 신기하게도 마른 행주에서 물이 나오는 기적도 있기는 했습니다. 하지만 최근에는 그런 기적을 들어보지 못했습니다. 꼰대 문화와 꼰대 리더십만 버릴 수 있다면, 직원들은 개인과 팀을 넘어 회사의 성장에 크게 기여할 것입니다. 결국 잘 키운 팀원들은 팀장의 성공에 지렛대 역할로 작용할 것입니다. 무엇보다 꼰대 문화와 꼰대 리더십은 전혀 먹히지 않습니다. 조금 더 상식적이고, 조금 더 공정하고, 조금 더 정의롭고, 비즈니스 감각을 가진 찐 리더가 되기를 바랍니다. 그것만으로도 당신은 충분한 경쟁력을 가진 리더로 인정받을 것입니다. 기본에 충실한 리더가 언제나 가장 특별한 리더입니다.

평범함 속에 특별함을 가진 리더, 그 멋진 리더가 당신이길 진심으로 바라고 원합니다.

마지막 데스크 어드바이스!

보통의 팀장은 기분에 따라 상식을 지키지만

뛰어난 팀장은 기분과 상관없이 상식을 지킨다.